XIANDAI GONGGONGWENHUA
FUWUTIXI 200WEN

现代公共文化服务体系 200问

戴珩 著

南京师范大学出版社

图书在版编目（CIP）数据

现代公共文化服务体系200问 / 戴珩著. -- 南京：
南京师范大学出版社，2015.9
ISBN 978-7-5651-2338-2

Ⅰ.①现… Ⅱ.①戴… Ⅲ.①公共管理 - 文化工作 -
中国 - 问题解答 Ⅳ.①G123-44

中国版本图书馆CIP数据核字(2015)第212895号

书　　名	现代公共文化服务体系200问
作　　者	戴　珩
责任编辑	张　莉
出版发行	南京师范大学出版社
地　　址	江苏省南京市宁海路122号（邮编：210097）
电　　话	（025）83598919（总编办）　83598412（营销部）　83598297（邮购部）
网　　址	http://www.njnup.com
电子信箱	nspzbb@163.com
印　　刷	南京大众新科技印刷有限公司
开　　本	718毫米×960毫米　1/16
印　　张	17.75
字　　数	185千
版　　次	2015年9月第1版　2015年9月第1次印刷
书　　号	ISBN 978-7-5651-2338-2
定　　价	32.00元
出 版 人	彭志斌

南京师大版图书若有印装问题请与销售商调换
版权所有　侵犯必究

承载使命 | 代前言

戴珩

这是时代所赋予的新的重大责任。

这是历史所赋予的新的光荣使命。

一个目标被写进了党的十八届三中全会公报，写进了中共中央办公厅、国务院办公厅印发的《关于加快构建现代公共文化服务体系的意见》。这就是，到2020年，基本建成覆盖城乡、便捷高效、保基本、促公平的现代公共文化服务体系。

这个目标，再次强调了文化建设在我国现代化建设总体布局中的重要地位。

这个目标，再次提出了落实"四个全面"战略布局，促进基本公共文化服务标准化、均等化的明确要求。

这个目标，切实体现了一个有着8 700多万党员的大党对保障公民基本文化权益和改善文化民生、提高人民群众生活质量的高度重视和庄重承诺。

加快构建现代公共文化服务体系，是保障和改善民生的重要举措，是全面深化文化体制改革、促进文化事业繁荣发展的必然要求，是弘扬社会主义核心价值观、建设社会主义文化强国的重大任务。

这项任务极其艰巨。

这意味着,"十三五"期间,我们必须以邓小平理论、"三个代表"重要思想、科学发展观为指导,贯彻落实党的十八大和十八届三中、四中全会精神,贯彻落实习近平总书记系列重要讲话精神,按照全面建成小康社会的总体要求,牢固树立以人民为中心的工作导向,以改革创新为动力,以基层为重点,构建体现时代发展趋势、适应社会主义初级阶段基本国情和市场经济要求、符合文化发展规律、具有中国特色的现代公共文化服务体系,促进基本公共文化服务标准化、均等化,推动社会主义文化大发展大繁荣,提高全民族文化素质,增强民族凝聚力,为实现中华民族伟大复兴中国梦提供强大的精神动力和文化支撑。

这意味着,到"十三五"末,我们必须真正实现公共文化设施网络全面覆盖、互联互通,公共文化服务的内容和手段更加丰富,服务质量显著提升,公共文化管理、运行和保障机制进一步完善,政府、市场、社会共同参与公共文化服务体系建设的格局逐步形成,人民群众基本文化权益得到更好保障,基本公共文化服务均等化水平稳步提高。

要完成这样的任务,无疑要付出更多的智慧、汗水和心血。

既然时代和历史再一次把这副重担放在了我们的肩头,那么,就让我们义无反顾,坚定地承载起这份重大的使命。

我们所面对的,是党中央和国务院的信任。

我们所面对的,是广大人民群众急切而期待的目光。

让我们以坚持正确导向、坚持政府主导、坚持社会参与、坚持共建共享、坚持改革创新为原则,以标准化、均等化、社会化、数字化为重点,全面推进现代公共文化服务体系建设,使现代公共文化服务体系建设在"十三五"期间迈上一个新的高度。

我们要通过现代公共文化服务体系所提供的优质公共文化产品和公共文化服务,充分发挥文化引领风尚、教育人民、服务社会、推动发展的功能,在满足人民群众基本文化需求、保障人民群众基本文化权益、增进人民群众福祉的同时,不断提高全民族的科学文化素质,培育和弘扬社会主义核心价值观,激发全民族的文化创造活力。

我们要通过日益完善的现代公共文化服务体系,进一步凝聚起13亿人的智慧和力量,加快建设富强民主文明和谐的社会主义现代化国家,实现中华民族的伟大复兴!

2015年8月

目 录

承载使命（代前言） | 001

1. 公共文化服务体系提出的背景是什么？ | 001
2. 公共文化服务体系提出的意义是什么？ | 001
3. 公共文化服务应该保障人民群众的哪些基本文化权利？ | 002
4. 什么是公共服务？ | 002
5. 什么是基本公共服务？ | 003
6. 什么是公共文化产品？ | 004
7. 什么是公共文化服务？ | 004
8. 什么是基本公共文化服务？ | 004
9. 什么是公共文化服务体系？ | 005
10. 公共文化服务体系的构成要素有哪些？ | 005
11. 什么是公共文化设施网络覆盖体系？ | 006
12. 什么是公共文化资源供给体系？ | 006
13. 公共文化服务体系的特征是什么？ | 006
14. 为什么要加强公共文化服务体系建设？ | 007
15. 党中央对公共文化服务体系建设有哪些文件和要求？ | 008
16. 构建现代公共文化服务体系的意义是什么？ | 009

17. 为什么要加快构建现代公共文化服务体系? | 010
18. 中国特色的现代公共文化服务体系具有哪些特征? | 011
19. 现代公共文化服务体系和公共文化服务体系的关系
    是什么? | 012
20. 加快构建现代公共文化服务体系的基本原则是什么? | 014
21. 构建现代公共文化服务体系的主要目标是什么? | 015
22. 如何理解现代公共文化服务体系"以人民为中心"的
    工作导向? | 016
23. 在构建现代公共文化服务体系的过程中,政府的主导
    作用主要体现在哪些方面? | 017
24. 为什么说我们现在所处的时代是一个文化时代? | 018
25. 如何认识文化的功能、地位和作用? | 019
26. 如何理解文化是民生的重要组成部分? | 021
27. 如何看待文化在国家治理体系现代化中的重要作用? | 021
28. 如何理解基本公共文化服务标准化、均等化? | 022
29. 如何推进基本公共文化服务均等化? | 023
30. 在构建现代公共文化服务体系的过程中,如何做
    到"精准扶贫"? | 026
31. 如何打通公共文化服务的"最后一公里"? | 026
32. 如何保障特殊群体基本文化权益? | 028

33. 如何丰富少数民族地区的公共文化产品供给？ | 029
34. 开展"结对子、种文化"活动的意义是什么？ | 030
35. 在文化领域和全社会与基层"结对子"可采取哪些帮扶措施？ | 031
36. 党委、政府及社会各方面在"种文化"方面可以采取哪些措施？ | 034
37. 如何合理规划建设公共文化设施？ | 036
38. 如何提高公共文化设施的建设、管理和服务水平？ | 037
39. 博物馆的定义是什么？ | 038
40. 文化馆的含义是什么？ | 038
41. 如何规范各级文化馆的职能？ | 039
42. 什么是"图书馆总分馆制"？ | 041
43. 什么是"文化馆总分馆制"？ | 042
44. 为什么要建立文化馆总分馆制？ | 043
45. 建设文化馆总分馆制要注意哪些方面？ | 044
46. 公共图书馆免费开放包括哪些内容？ | 044
47. 文化馆免费开放的内涵、边际、内容是什么？ | 045
48. 文化站免费开放包括哪些内容？ | 046
49. 公共图书馆、文化馆免费开放是不是意味着所有服务全部免费？ | 046

50. 博物馆举办陈列展览应当遵守哪些规定？ | 047

51. 文化馆设置免费开放服务项目应遵循哪些原则？ | 047

52. 文化馆在免费开放过程中应处理好哪些关系？ | 048

53. 公益性文化单位在免费开放中应确立怎样的工作理念？ | 049

54. 如何深入推进免费开放工作？ | 051

55. 如何认识现代公共文化服务体系背景下文化馆的地位和作用？ | 052

56. 如何理解文化馆必须要有文化内涵？ | 058

57. 为什么要建设现代型文化馆？ | 060

58. 现代型文化馆的现代性应体现在哪些方面？ | 063

59. 如何建设充满魅力的现代型文化馆？ | 066

60. 文化馆行业高层次领军人物应具备什么样的条件？ | 068

61. 如何培养和造就文化馆高层次领军人物？ | 069

62. 新建文化馆在选址、功能定位、建筑外观设计、功能设置等方面应注意些什么？ | 071

63. 公共文化设施是建得越大越好吗？ | 072

64. 在构建现代公共文化服务体系过程中，为什么要推动公共文化服务社会化发展？ | 072

65. 如何推动公共文化服务社会化发展？ | 073

66. 文化部鼓励和引导民间资本参与公共文化服务体系建设的政策是什么? |074
67. 在现代公共文化服务体系建设中,为什么要培育和促进文化消费? |075
68. 如何理解公共文化服务免费提供和优惠服务? |076
69. 如何看待文化事业与文化产业的关系? |077
70. 如何培育和规范文化类社会组织? |077
71. 如何发挥文化类社会组织在公共文化服务中的作用? |078
72. 为什么要成立中国文化馆协会? |079
73. 中国文化馆协会的性质和业务范围是什么? |081
74. 自愿服务的特征是什么? |082
75. 文化志愿者的定义是什么? |083
76. 发展文化自愿者队伍的社会基础是什么? |083
77. 建立文化志愿者队伍对于建设公共文化服务体系具有怎样的重要意义和作用? |084
78. 开展基层文化志愿服务活动的意义是什么? |085
79. 开展基层文化志愿服务活动的指导思想是什么? |086
80. 开展基层文化志愿服务活动的基本原则是什么? |086
81. 如何大力推进文化志愿服务? |087
82. 如何推进文化志愿服务制度化? |088

83. 如何提高文化志愿者队伍的专业性和社会影响力？ | 089

84. 社会力量参与公共文化服务主要有哪些渠道？ | 090

85. 政府在提供公共文化产品和服务时可以引入哪些市场化方式？ | 090

86. 什么是政府购买公共服务？ | 091

87. 如何认识政府向社会力量购买公共服务的重要性？ | 091

88. 为什么要大力推广政府购买服务？ | 092

89. 为什么要推进政府向社会力量购买公共文化服务？ | 093

90. 国外政府购买公共服务的主要形式有哪几种？ | 093

91. 政府向社会力量购买公共文化服务的首要条件是什么？ | 094

92. 政府向社会力量购买公共文化服务的基本原则和目标任务是什么？ | 094

93. 政府向社会力量购买公共文化服务的内容主要有哪些？ | 096

94. 政府向社会力量购买公共文化服务的主体是什么？ | 098

95. 承接政府向社会力量购买公共文化服务的主体是什么？ | 098

96. 政府购买公共文化产品和服务应注意什么？ | 098

97. 如何建立和完善政府向社会力量购买公共文化服务机制？ | 099

98. 如何建立健全政府向社会力量购买公共文化服务监管机制？ | 100

99. 如何营造政府向社会力量购买公共文化服务的良好环境？ | 101

100. 如何发挥公益性文化事业单位在构建现代公共文化服务体系中的骨干作用？ | 102

101. 如何加大公益性文化事业单位改革力度？ | 103

102. 什么是事业单位法人治理结构？ | 104

103. 事业单位法人治理结构与公司法人治理结构的区别与联系是什么？ | 104

104. 事业单位法人治理结构的基本架构是什么？ | 104

105. 事业单位理事会的职责权限是什么？ | 105

106. 事业单位的理事会该如何组成？ | 105

107. 事业单位理事会的规模如何确定？ | 106

108. 为什么要建立事业单位法人治理结构？ | 106

109. 如何推动建立事业单位法人治理结构？ | 109

110. 公共数字文化建设在现代公共文化服务体系建设中的地位和作用是什么？ | 111

111. 公共数字文化建设的原则是什么？ | 112

112. 公共数字文化建设的目标任务是什么？ | 112

113. 什么是"文化共享工程"？ | 113

114. 什么是数字图书馆？ | 114

115. 什么是"数字图书馆推广工程"? | 116
116. 什么是"公共电子阅览室建设计划"? | 117
117. 如何大力推动公共数字文化建设? | 118
118. 如何建设数字文化馆? | 119
119. 如何提高公共数字文化供给能力,创新公共数字
　　 文化服务机制? | 120
120. 如何推动公共文化服务科技创新? | 123
121. 如何推进公共文化服务数字化建设? | 124
122. 如何提升公共文化服务现代传播能力? | 125
123. 如何理解社区文化建设的重要性? | 126
124. 为什么要加强农村社区文化建设? | 127
125. 如何加强社区文化建设? | 127
126. 如何把公共文化融入城市老小区改造? | 128
127. 如何发挥公共文化服务在农村社区建设中的作用? | 129
128. 群众自办文化的含义是什么? | 129
129. 群众自办文化在公共文化服务体系建设中的作用
　　 是什么? | 131
130. 如何认识今天的群众文化? | 132
131. 群众文化与公共文化服务体系的关系是什么? | 133
132. 群众文艺创作的重要性主要体现在哪些方面? | 134

133. 时代对群众文艺创作提出了哪些新的要求？ | 134

134. 如何繁荣群众文艺创作？ | 136

135. 如何创新公共文化资源供给方式？ | 136

136. 如何加大公共文化产品和服务供给力度？ | 137

137. 在构建现代公共文化服务体系的过程中，如何传承和发展优秀传统文化？ | 138

138. 如何引导广场文化活动健康、规范、有序开展？ | 140

139. 基层文化队伍培训工作的出发点和落脚点是什么？ | 141

140. 如何进一步加强公共文化人才队伍建设？ | 142

141. 如何理解"城乡文化一体化"？ | 143

142. 如何挖掘、利用乡村文化资源？ | 143

143. 应如何建设一支素质较高的村级文化队伍？ | 144

144. 加强农民工文化工作的重要性是什么？ | 146

145. 我国农民工文化生活的现状及新生代农民工的特点是什么？ | 150

146. 如何切实将农民工纳入城市公共文化服务体系？ | 152

147. 文化馆应如何为农民工提供文化服务？ | 154

148. 公共图书馆的服务如何创新？ | 157

149. 如何打造广场文艺演出品牌？ | 160

150. 如何创作和推广广场健身舞？ | 163

151. 为什么要建立公共文化服务指标体系？ | 166

152. 如何建立公共文化服务指标体系？ | 167

153. 为什么要把了解群众的文化需求作为开展公共文化服务的前提？ | 168

154. 为什么必须建立公共文化服务需求反馈机制？ | 168

155. 如何建立群众文化需求反馈机制？ | 168

156. 为什么要建立公共文化服务绩效评估体系？ | 169

157. 如何完善公共文化服务绩效评价工作机制？ | 169

158. 如何加大财政对现代公共文化服务体系建设的投入？ | 170

159. 为什么要第三方开展公众满意度测评？ | 171

160. 如何提高第三方评估的公信力？ | 171

161. 如何促进基本公共文化服务的标准化、均等化？ | 173

162. 建立基本公共文化服务标准体系的重要意义是什么？ | 174

163. 如何建立基本公共文化服务标准体系，并推进落实？ | 175

164. 怎样理解新型城镇化与构建现代公共文化服务体系的关系？ | 178

165. 新型城镇化给构建现代公共文化服务体系带来哪些挑战？如何应对这些挑战？ | 184

166. 如何"完善公共文化服务体系，提高服务效能"？ | 189

167. 为什么要建立公共文化服务体系建设协调机制？ | 190

168. 如何推进公共文化服务体系建设协调机制的建立？ | 190

169. 国家公共文化服务体系建设协调组由哪些部门组成？
主要任务是什么？ | 191

170. 如何实现基层公共文化服务资源的共建共享？ | 192

171. 如何理解"将公共文化服务专业人才培养纳入
国民教育体系"的重要意义？ | 193

172. 如何建立健全公共文化服务法律体系？ | 194

173. 什么是"网格化公共文化服务"？ | 195

174. 网格化公共文化服务的理论价值是什么？ | 198

175. 什么是文化协同创新？ | 201

176. 无锡新区图书馆建设与服务外包的做法和经验是什么？ | 202

177. 如何向社会推介公益文化项目，吸引社会力量
参与公共文化服务？ | 208

178. 如何组织开展"群文流动大讲坛"活动？ | 209

179. 成都市文化馆建立的"金字塔形"四级辅导模式
是什么？ | 210

180. 上海浦东新区推动公共文化服务社会化发展的做法
和经验是什么？ | 211

181. 成都市开展文化志愿服务的做法是什么？ | 213

182. 昆山市文化馆举办"鹿城故事讲坛"的做法和经
验是什么？ | 217

183. 博物馆如何多维度为社会公众提供服务？ | 219
184. 博物馆目前在数字化服务方面有哪些新探索？
呈现出怎样的趋势？ | 221
185. 如何开展公共文化配送？ | 222
186. 民间节庆有哪些功能，如何办好民间节庆？ | 224
187. 如何使现代公共文化服务体系建设和传承地方
优秀传统文化有机结合？ | 227
188. 宁波市江北区甬江街道开展企业文化建设的做法
和经验是什么？ | 228
189. 长沙市培育发展群众文艺团队的做法和经验是什么？ | 229
190. 福建省开展"艺术扶贫工程"的做法和经验是什么？ | 231
191. "榕树下文化空间"是怎样一个新型公共文化空间？ | 235
192. 江苏省张家港市建设文化馆总分馆制的做法是什么？ | 237
193. 浙江省嘉兴市建设文化馆总分馆制的做法是什么？ | 238
194. 浙江省建设农村"文化礼堂"的做法和经验是什么？ | 239
195. 安徽省建设"农民文化乐园"的做法和经验是什么？ | 243
196. 山东省在现代公共文化服务体系建设中，采取哪些
措施弘扬中华优秀传统文化？ | 245
197. 江苏省镇江市开展文化广场标准化建设的做法和经
验是什么？ | 249

198. 南京市打造公益文化活动品牌的做法和经验是什么？ | 253
199. 建设基层综合性文化服务中心的总体思路和方法
 是什么？ | 258
200. 如何破解基层难题，保证公共文化政策在村和社区"落
 地、生根、开花"？ | 260

后记 | 262

1. 公共文化服务体系提出的背景是什么？

答：公共文化服务体系是在政府加强公共服务职能的背景下提出的。党的十六大明确提出要"完善政府的经济调节、市场监管、社会管理和公共服务的职能"。公共文化服务是政府公共服务的重要内容。2005年10月，党的十六届五中全会第一次正式提出，"加大政府对文化事业的投入，逐步形成覆盖全社会的比较完备的公共文化服务体系"。"公共文化服务体系"这一概念的提出是社会主义市场经济条件下政府职能转变的结果，体现了一个现代政府对自身职能的清晰定位、对公民文化权利的尊重和对文化民生的主动担当。

2. 公共文化服务体系提出的意义是什么？

答：公共文化服务体系概念的提出，其最大的意义在于肯定了文化权益是人权的重要内容，从而使公共文化服务上升到保障公民文化人权的高度。党的十七届六中全会指出，加强公共文化服务是实现人民基本文化权益的主要途径。要以公共财政为支撑，以公益性文化单位为骨干，以全体人民为服务对象，以保障人民群众看电视、听广播、读书看报、进行公共文化鉴赏、参与公共文化活动等基本文化权益为主要内容，完善覆盖城乡、结构合理、功能健全、实用高效的公共文化服务体系。中国政府明确将构建公共文化服务体系作为保障公民文化人权的主要途径。国务院新闻办发表的《2012年中国人权事业的进展》白皮书中说，保障公民文化权益的充分实现，是中国人权建设的重要内容。中国人民享受文化成果的权利、参与文化活动和文化事务管理的权利、开展文化创造的权利以及文化成果受法律保护的权利，主要是通过公共文化服务来实现。党的十八大要求完善公共文化服务体系，提高服务效能。十八届三中全会要求构建现代公共文化服务体系。其目的，都是为了更好地保障人民基本文化权益。

3. 公共文化服务应该保障人民群众的哪些基本文化权利？

答：公共文化服务应该保障人民群众如下基本权利：①接受文化艺术教育的权利；②获取文化信息的权利；③享受社会文化成果的权利；④参与公共文化事务管理及活动的权利；⑤文化选择的权利；⑥文化传播的权利；⑦文化创造与表达的权利；⑧文化监督的权利。

4. 什么是公共服务？

答：所谓公共服务就是指使用公共权力和公共资源向公民所提供的各项服务。公共服务根据其内容和形式可分为基础公共服务、经济公共服务、公共安全服务、社会公共服务。基础公共服务是指通过国家权力介入或公共资源投入，为公民及其组织提供从事生产、生活、发展和娱乐等活动所需要的基础性服务，如提供水、电、气，交通与通讯基础设施，邮电与气象服务等。经济公共服务是指通过国家权力介入或公共资源投入为公民及企业从事经济发展活动所提供的各种服务,如科技推广、咨询服务以及政策性信贷等。公共安全服务是指通过国家权力介入或公共资源投入为公民提供的安全服务,如国防安全、社会治安、消防安全等方面的服务。社会公共服务则是指通过国家权力介入或公共资源投入为满足公民的生存、生活、发展等社会性直接需要所提供的服务,如教育、科技、文化、医疗卫生、社会保障以及环境保护等方面的服务。

5. 什么是基本公共服务?

答:所谓基本公共服务,是指建立在一定社会共识基础上,由政府根据经济社会发展阶段和总体水平来提供、旨在保障公民生存权和发展权、实现人的全面发展所需要的最基本社会条件的公共服务。

基本公共服务包含三层含义:第一,基本公共服务是公共服务中最基础、最核心的部分,与人民群众最关心、最直接、最现实的切身利益密切相关;第二,基本公共服务是政府公共服务职能的"底线",由政府负最终责任;第三,基本公共服务的范围和标准是动态的,随着经济发展水平和政府保障能力的提高,其范围应逐步扩大,标准应不断调高。

基本公共服务范围,一般包括保障基本民生需求的教育、就业、社会保障、医疗卫生、计划生育、住房保障、文化体育等领域的公共服务,广义上还包括与人民生活环境紧密关联的交通、通信、公用设施、环境保护等领域的公共服务,以及保障安全需要的公共安全、消费安全和国防安全等领域的公共服务。

享有基本公共服务属于公民的权利,提供基本公共服务是政府的职责。

6. 什么是公共文化产品?

答:公共文化产品是指具有非排他性和非竞争性的文化产品。所谓非排他性,是指无法阻止一个人使用一种物品时该物品的特征。这里的"无法阻止",是因为阻止成本太高而无法阻止。所谓非竞争性,是指一个人使用一种物品并未减少其他人使用该物品的特征。这里的"并未减少",是说无论多少人使用该物品,他们获得的平均效用不变。比如广场文艺演出、送戏下乡演出就属于公共文化产品。

7. 什么是公共文化服务?

答:公共文化服务是基于社会效益,不以营利为目的,为社会提供非竞争性、非排他性的公共文化产品的资源配置活动。

8. 什么是基本公共文化服务?

答:所谓基本公共文化服务是指建立在一定社会共

识基础上，由政府根据经济社会发展阶段和总体水平来提供、旨在保障公民基本文化权益的公共文化服务。目前，我国提供公共文化服务的公益性文化机构主要有文化馆、博物馆、图书馆、美术馆、科技馆、纪念馆、工人文化宫、青少年宫、文化站、文化中心以及全国文化信息资源共享工程服务点等，所提供的基本公共文化服务主要内容有看电视、听广播、读书看报、公共文化鉴赏、公共文化活动等。

9. 什么是公共文化服务体系？

答：公共文化服务体系是政府主导、社会参与形成的，以公共财政为支撑，以公益性文化单位为骨干，以全体人民为服务对象，以保障人民群众看电视、听广播、读书看报、进行公共文化鉴赏、参与公共文化活动等基本文化权益为主要内容，向公民提供的各种公共文化设施、公共文化产品、公共文化服务以及与之相适应的运行管理系统和制度的总称。

10. 公共文化服务体系的构成要素有哪些？

答：公共文化服务体系的构成要素包括公共文化设施网络覆盖体系，公共文化服务组织支撑体系，公共文化产品生产和公共文化服务供给体系，公共文化人才、资金、技术保障体系，公共文化政策法规体系，公共文化服务评估体系等。

11. 什么是公共文化设施网络覆盖体系？

答：公共文化设施网络覆盖体系指的是各级各类公共文化设施构成完善的网络体系，形成对服务人口的全覆盖。公共文化设施要构成完善的网络覆盖体系，一是要将固定设施体系、流动设施体系、数字服务体系相结合，二是要充分考虑到固定设施的服务半径和覆盖能力，增加固定设施的数量，合理、均匀地设置固定设施，使固定设施体系覆盖更多的人群，并和流动设施体系、数字服务体系相结合，形成对服务人口的全覆盖。

12. 什么是公共文化资源供给体系？

答：公共文化资源供给体系是公共文化服务体系的子体系，它由三部分力量组成，一是政府，二是相关部门和公益性文化单位，三是企业和其他社会力量。

公共文化资源供给体系承担着两方面重要任务：一是紧密结合人民群众的基本文化需求，有计划、有目的地做好公共文化资源建设，组织好公共文化产品的生产；二是紧密结合人民群众的接受特点，采取合适的途径和方式向人民群众提供公共文化产品和服务。

13. 公共文化服务体系的特征是什么？

答：公共文化服务体系的特征主要是公益性、基本性、均等性、便利性。公益性，就是政府提供的公共文化服务基本上是免费服务，或是低于成本、收费很少的服务，具有公益性质，体现对人的关怀，促进人的素质的提高和全面发展，不以营利为目的，具有非竞争性和非排他性。基本性，就是政府提供的是基本文化服务，而不是所有文化服务。均等性，就是不分男女老少，不分富人穷人，不分城市农村，不分东中西部，都平等地享受公共文化服务。每个公民在获取公共文化资源、享受文化服务时，享有获得服务机会的公平，服务内容、质量和服务过程的公平。它所强调的核心是机会均等，而不是简单的平均化和无差异化。便利性，就是政府提供的公共文化服务应是近距离的、经常性的服务，方便群众获得和参与。

14. 为什么要加强公共文化服务体系建设？

答：公共文化服务体系建设是文化建设的重要组成部分，也是我国经济社会发展的一项重要任务。它关系着社会的和谐与稳定，关系着文化民生和增进广大人民群众的福祉，关系着保障和实现人民群众的基本文化权益，关系着全面建设小康社会目标的实现，关系着中华民族的长远发展和伟大复兴。加强公共文化服务体系建设，是繁荣发展社会主义先进文化、构建社会主义和谐社会的必然要求，是实现好、维护好、发展好人民群众基本文化权益的主要途径，是推进政府职能转变、建设服务型政府的重要举措，是提高公共文化服务水平、加快文化事业发展、建设社会主义文化强国的客观需要。

15. 党中央对公共文化服务体系建设有哪些文件和要求？

答：自党的十六届五中全会第一次正式提出要"加大政府对文化事业的投入，逐步形成覆盖全社会的比较完备的公共文化服务体系"后，2006年，党的十六届六中全会作出的《中共中央关于构建社会主义和谐社会若干重大问题的决定》要求，"加快建立覆盖全社会的公共文化服务体系"。2007年6月，中共中央政治局召开会议，强调要大力加强公共文化服务体系建设。2007年8月，中共中央办公厅、国务院办公厅下发了《关于加强公共文化服务体系建设的若干意见》，提出了加强公共文化服务体系建设的指导思想、目标和任务。党的十七大把建设"覆盖全社会的公共文化服务体系"作为实现全面建设小康社会的重要目标之一。十一届全国人大四次会议通过的《国民经济和社会发展第十二个五年规划纲要》明确提出要在"十二五"时期"建立健全公共文化服务体系"。党的十七届六中全会作出的《关于推动文化大发展大繁荣若干重大问题的决定》提出"大力发展公益性文化事业，保障人民基本文化权益"，再次明确要求"构建公共文化服务体系"。党的十八大要求"完善公共文化服务体系，提高服务效能"。2013年11月召开的中共十八届三中全会要求"建立健全现代公共文化服务体系"。2015年1月12日，中共中央办公厅、国务院办公厅印发了《关于加快构建现代公共文化服务体系的意见》。这些都表明，公共文化服务体系建设已经成为国家文化发展的重要战略。

16. 构建现代公共文化服务体系的意义是什么？

答：第一，为了更好地保障和改善民生。加强和发展公共文化服务是实现人民群众基本文化权益的主要途径，文化也是民生的重要内容。当前我国公共文化服务的水平仍然较低，存在供需对接不够、不均等、不均衡等现象，与当前经济社会发展水平和人民群众日益增长的精神文化需求相比，公共文化服务体系建设水平仍然有待提高。构建覆盖城乡、便捷高效、保基本、促公平的现代公共文化服务体系，可以更好地保障人民群众的基本文化权益，提高我国文化民生水平。

第二，为了落实全面深化文化体制改革要求，促进文化事业繁荣发展。党的十八届三中全会将"推进国家治理体系和治理能力现代化"作为全面深化改革的总目标，在文化领域，则要推进国家文化治理体系和治理能力现代化。国家文化治理体系和治理能力现代化主要包括完善文化管理体制、健全现代文化市场体系、构建现代公共文化服务体系三个方面。构建现代公共文化服务体系是为了落实全面深化文化体制改革的要求，通过构建现代公共文化服务体系，进一步促进文化事业繁荣发展。

第三，为了弘扬社会主义核心价值观、建设社会主义文化强国。构建现代公共文化服务体系的首要原则就是坚持正确导向，以人民为中心，以社会主义核心价值观为引领，发展先进文化，创新传统文化，扶持通俗文化，引导流行文化，改造落后文化，抵制有害文化，巩固基层文化阵地，促进在全社会形成积极向上的精神追求和健康文明的生活方式。社会主义核心价值观是兴国之魂，是社会主义先进文化的精髓。构建现代公共文化服务体系，可以充分发挥公共文化服务在"以文化人"，培育和践行社会主义核心价值观方面的功能和作用，推动社会主义文化强国建设，提高全民族文化素质，增强民族凝聚力，为实现中华民族伟大复兴中国梦提供强大的精神动力和文化支撑。

17. 为什么要加快构建现代公共文化服务体系？

答："十一五"以来，我国公共文化服务体系建设取得了很大成绩。第一，财政投入加大，公共文化机构运行保障经费基本建立。第二，基层文化设施建设加快，覆盖城乡的公共文化服务网络初步建立。第三，重大文化惠民工程陆续实施，公共文化产品日益丰富，公共文化服务能力不断提高。第四，公共文化服务与现代科技加快融合，公共文化服务方式不断创新，公共文化服务效能稳步提高。第五，针对特定地区和特殊群体的公共文化产品供给不断加强，公共文化服务均等化水平显著提高。第六，基层文化队伍培训持续加强，公共文化队伍素质不断提高。第七，公共文化服务法制化、规范化进程不断推进。

总体看，由于各地经济社会发展水平不同，再加上文化建设底子薄、欠账多，我国公共文化服务体系建设也还有不少问题，存在"三个不适应"：一是与全面建成小康社会的要求还不相适应；二是与我国当前的经济社会发展水平还不相适应；三是与基层群众日益增长的精神文化需求还不相适应。距离2020年基本建成现代公共文化服务体系的目标还有较大差距，因此，必须加快建设速度。

18. 中国特色的现代公共文化服务体系具有哪些特征？

答：第一，以人民为中心。构建现代公共文化服务体系的根本目的是为了人民，因此，现代公共文化服务体系充分体现以人民为中心的工作导向，体现文化发展为了人民、文化发展依靠人民、文化成果由人民共享，体现把服务群众同教育引导群众结合起来，把满足群众需求同提高群众素养结合起来。

第二，以社会主义核心价值观为引领。社会主义核心价值观是社会主义先进文化的精髓，决定着中国特色社会主义的发展方向，它也是现代公共文化服务体系的灵魂。

第三，以均等化为目标。公共文化服务的均等化关乎每一位公民基本文化权益的实现，关乎社会的公平正义。现代公共文化服务体系将按照一定标准推动实现基本公共文化服务均等化，以基层为重点，消除地区间、城乡间和不同群体间的公共文化服务差距，切实保障人民群众基本文化权益，促进实现社会公平。

第四，以社会化发展为趋势。现代公共文化服务体系在政府主导的前提下将引入市场机制和竞争机制，推动公共文化服务社会化发展，鼓励社会力量、社会资本参与公共文化服务体系建设，激发各类社会主体参与公共文化服务的积极性，提供多样化的产品和服务，增强公共文化服务发展活力。

第五，以改革创新为动力。现代公共文化服务体系将理顺政府和公益性文化事业单位之间的关系，加快转变政府职能，完善管理体制机制，创新公共文化服务内容和形式，促进文化与科技深度融合，推动文化事业和文化产业协调发展，不断提升公共文化服务质量和效能。

第六，以法治为保障。党的十八届四中全会提出依法治国要立法先行，并将文化立法作为重点立法领域。现代公共文化服务体系将以法治为保障。

19. 现代公共文化服务体系和公共文化服务体系的关系是什么？

答：公共文化服务体系是构建现代公共文化服务体系的基础；构建现代公共文化服务体系是公共文化服务体系发展的新阶段。通俗地说，现代公共文化服务体系是公共文化服务体系的升级版。

第一，理念升级。构建现代公共文化服务体系真正体现"以人民为中心"的工作导向，树立"文化人权"、"主体在民"、"主权在民"理念，突出人民群众在文化建设中的主体地位，体现文化发展为了人民、文化发展依靠人民、文化成果由人民共享，让人民群众成为文化创造的主体、文化表现的主体、文化享受的主体，以人民群众的文化需求为导向，做到供给和需求有效对接。同时，突出以社会主义核心价值观为引领，把服务群众同教育引导群众结合起来，把满足群众需求同提高群众素养结合起来。

第二，机制升级。现代公共文化服务体系要求建立由政府牵头，以各相关部门为成员的公共文化服务体系建设协调机制，协调重大公共文化服务法律法规和政策规划的制定、实施和考核，协调推进基本公共文化服务标准制定、实施和考核，协调建立稳定的公共文化服务投入保障机制，统筹推进基层文化设施和文化项目的建设与管理，协调推进公共文化服务重大惠民项目，协调推进公共文化人才队伍建设，协调推进公共文化服务社会化，统筹推进公共文化服务体系建设重大事项，推动公共文化服务均衡发展。

第三，体制升级。现代公共文化服务体系要求完善文化管理体制，转变政府职能，推动政府由"办文化"向"管文化"转变。同时，要求建立文化事业单位法人治理结构，推动公共图书馆、博物馆、文化馆、科技馆等组建理事会，推动公共文化服务社会化发展，构建政府、市场和社会相统一的"三位一体"的国家文化治理体制，推动文化管理向文化治理转变。

第四，手段升级。现代公共文化服务体系要求建立基本公共文化服务标准体系，以人民群众基本文化需求为导向，围绕看电视、听广播、读书看报、参加公共文化活动等群众基本文化权益，根据经济社会发展水平和供给能力，明确基本公共文化服务的内容、种类、数量和水平,以及应具备的公共文化服务基本条件和各级政府的保障责任,明确政府保障底线,以基本公共文化服务标准化促进基本公共文化服务均等化。

第五,技术升级。现代公共文化服务体系要求公共文化服务与科技融合发展,加强科技成果在公共文化服务领域的转化应用,加快推进公共文化服务数字化建设,灵活运用宽带互联网、移动互联网、广播电视网、卫星网络等手段,提升公共文化服务现代传播能力。

第六,效能升级。现代公共文化服务体系要求覆盖城乡、便捷高效、保基本、促公平。公共文化设施网络全面覆盖、互联互通,公共文化服务的内容和手段更加丰富,服务质量显著提升,公共文化管理、运行和保障机制进一步完善,政府、市场、社会共同参与公共文化服务体系建设的格局逐步形成,人民群众基本文化权益得到更好保障,基本公共文化服务均等化水平稳步提高。

第七,保障升级。现代公共文化服务体系要求建立健全坚持社会主义先进文化前进方向、遵循文化发展规律、有利于激发文化创造力、保障人民基本文化权益的文化法律制度,加快出台公共文化服务保障法等相关法律法规,以法律作为支撑和保障。

20. 加快构建现代公共文化服务体系的基本原则是什么?

答:一是坚持正确导向。以人民为中心,以社会主义核心价值观为引领,发展先进文化,创新传统文化,扶持通俗文化,引导流行文化,改造落后文化,抵制有害文化，巩固基层文化阵地，促进在全社会形成积极向上的精神追求和健康文明的生活方式。

二是坚持政府主导。从基本国情出发，认真研究人民群众的精神文化需求，因地制宜，科学规划，分类指导，按照一定标准推动实现基本公共文化服务均等化，切实保障人民群众基本文化权益，促进实现社会公平。

三是坚持社会参与。简政放权，减少行政审批项目，引入市场机制，激发各类社会主体参与公共文化服务的积极性，提供多样化的产品和服务，增强发展活力，积极培育和引导群众文化消费需求。

四是坚持共建共享。加强统筹管理，建立协同机制，明确责任，优化配置各方资源，做到物尽其用、人尽其才，发挥整体优势，提升综合效益。

五是坚持改革创新。加快转变政府职能，完善管理体制机制，创新公共文化服务内容和形式，促进文化与科技深度融合，推动文化事业和文化产业协调发展。

21. 构建现代公共文化服务体系的主要目标是什么？

答：到 2020 年，基本建成覆盖城乡、便捷高效、保基本、促公平的现代公共文化服务体系。公共文化设施网络全面覆盖、互联互通，公共文化服务的内容和手段更加丰富，服务质量显著提升，公共文化管理、运行和保障机制进一步完善，政府、市场、社会共同参与公共文化服务体系建设的格局逐步形成，人民群众基本文化权益得到更好保障，基本公共文化服务均等化水平稳步提高。

22. 如何理解现代公共文化服务体系"以人民为中心"的工作导向？

答：第一，以人民为中心，就是坚持构建现代公共文化服务体系是为了人民。以人民为中心，是中国特色现代公共文化服务体系必须坚持的价值追求。现代公共文化服务体系的宗旨是保障人民群众的基本文化权益，满足人民群众的基本文化需求。构建现代公共文化服务体系是为了向人民提供更多更好的公共文化产品和服务，更好和更有效地改善文化民生，更好地实现文化的公平与正义。要把人民的呼声作为第一信号，把人民的需求作为第一要务，把为民谋利作为根本工作指向，始终以人民为中心来谋划、推进现代公共文化服务体系建设。

第二，以人民为中心，就是坚持构建现代公共文化服务体系要紧紧依靠人民。人民是社会主义文化建设的主体，是社会主义文化发展的决定性力量。要充分发挥人民群众在现代公共文化服务体系建设中的主体作用，让人民群众广泛参与公共文化建设，把人民群众视为社会主义文化的创造主体、发展主体和成果享有主体，引导群众在公共文化服务体系建设中自我表现、自我教育、自我服务，充分发挥公共文化服务在丰富人民群众精神文化生活、密切社会公共交往、促进社会和谐、培养现代公民，培育社会主义核心价值观方面的积极作用。

第三，以人民为中心，就是坚持构建现代公共文化服务体系以人民满意为唯一标准。公共文化设施的建设、重大文化惠民项目的实施、公共文化产品和公共文化服务的提供要征求和听取人民群众的意见和建议。公共文化产品的创作要和人民大众相联系，要表现人民的思想情感和生活，关注人民命运，反映人民心声，激励人民前进，要得到人民群众的认可和欢迎。要研究制定公众满意度指标，建立群众评价和反馈机制，将人民群众的评价作为对现代公共文化服务体系效能考核的重要依据，保障人民群众基本文化权益充分实现。

23. 在构建现代公共文化服务体系的过程中，政府的主导作用主要体现在哪些方面？

答： 第一，把城乡基本公共文化服务均等化纳入国民经济和社会发展总体规划及城乡规划，制定公共文化服务发展规划和相关政策，保障现代公共文化服务体系的有效建立、合理布局、功能健全、健康运行和科学发展。

第二，制定和实施《基本公共文化服务标准》。国家出台《国家基本公共文化服务指导标准》，地方政府应根据国家指导标准，结合当地群众需求、政府财政能力和文化特色，制定并实施适合本地实际的、细化的、具有可操作性的《基本公共文化服务标准》，统筹区域内公共文化服务均衡发展。

第三，通过政策扶持、资金投入和资源整合，建设公共文化设施，完善公共文化设施网络体系。

第四，通过政策引导、资金投入，组织创作生产更多传播当代中国价值观念、体现中华文化精神、反映中国人审美追求，思想性、艺术性、观赏性有机统一，人民群众喜闻乐见的公共文化产品。

第五，通过政策引导、资金投入和整合资源，实施"送演出"、"送图书"、"送电影"、"送展览"、"送讲座"等文化惠民工程。

第六，为公益性文化单位正常运行，以及开展免费开放服务、数字化服务、流动服务、举办重大文化活动提供必要的经费保障。

第七，通过政策引导、政府采购、项目补贴、定向资助、贷款贴息、税收减免等措施鼓励支持包括文化企业在内的社会各类文化机构参与提供公共文化服务，培育和促进文化消费。

第八，做好文化遗产保护工作，把文化遗产保护利用、地方特色文化传承与现代公共文化服务体系建设有机结合。

第九，加强公共文化服务人才队伍建设。

第十，建立和完善公共文化服务评价工作机制。

总之，政府需要在公共文化服务的规划、建设、管理、运营、监管、考核等各个环节发挥主导作用。需要注意的是，发挥主导作用并不意味着政府包办，政府职能必须从"办文化"向"管文化"转变，在政府主导的前提下，积极吸纳社会力量参与，推动现代公共文化服务体系建设全面发展、均衡发展、科学发展。

24. 为什么说我们现在所处的时代是一个文化时代？

答：党的十七届六中全会《决定》指出，当今世界正处在大发展大变革大调整时期，世界多极化、经济全球化深入发展，科学技术日新月异，各种思想文化交流交融交锋更加频繁，文化在综合国力竞争中的地位和作用更加凸显，维护国家文化安全任务更加艰巨，增强国家文化软实力、中华文化国际影响力要求更加紧迫。当代中国进入了全面建设小康社会的关键时期和深化改革开放、加快转变经济发展方式的攻坚时期，文化越来越成为民族凝聚力和创造力的重要源泉、越来越成为综合国力竞争的重要因素、越来越成为经济社会发展的重要支撑，丰富精神文化生活越来越成为我国人民的热切愿望。这个重要论断表明，文化在国家历史和世界历史中的比重正在日益加大，文化已经摆脱边缘，居于个人和社会生活的中心。因此可以说，我们的时代正在成为一个文化时代。

25. 如何认识文化的功能、地位和作用？

答：文化具有引领风尚、教育人民、服务社会、推动发展的功能。

总的说来，文化是民族的血脉，是人民的精神家园，是民族凝聚力和创造力的重要源泉，是综合国力竞争的重要因素，是经济社会发展的重要支撑。文化是一个民族的精神和灵魂，是一个民族真正有力量的决定性因素。思想、文化的力量，可以深刻影响一个国家发展的进程，改变一个民族的命运。具体地说，第一，文化既是推动社会发展的重要手段，又是社会文明进步的重要目标。

一个文明进步的社会必然是物质财富和精神文化共同进步的社会，一个现代化的强国必定是经济、政治、文化、社会协同发展的国家。1998年，联合国教科文组织在《文化政策促进发展行动计划》中提出："发展最终以文化概念来定义，文化的繁荣是发展的最高目标。"文化作为历史文明的积淀，作为社会发展方向的引领，解决的是人类"从哪里来、到哪里去"的问题。对人类发展来说，文化是更深层次、更高境界的追求。第二，文化既是凝聚人心的精神纽带，又直接关系民生幸福。文化是维系一个社会团结和谐的精神力量，同时，文化之于人类也是一种精神上的内在需求、普遍需求和终生相伴的需求。人们需要通过文化来启蒙心智、认识社会、获得思想上的教益，也需要通过文化愉悦身心、陶冶性情、获得精神上的满足和依归。如果没有精神文化上的充实和丰盈，就不能说有真正幸福的生活和美好的人生。第三，文化既直接贡献于经济增长，又对提升经济发展质量发挥着重要作用。现代世界经济发展表明，发达程度越高，文化产业支柱性作用就越明显，对经济增长的贡献就越大。美国文化产业产值仅次于航天航空业。从我国情况看，近些年文化产业平均增速达15%以上，比同期国内生产总值增速高出6个百分点。可以说，文化产业已成为国民经济的重要组成部分，而且创造出巨大的社会财富。随着科技进步和知识经济的迅猛发展，文化已渗透到经济发展的全过程，历史、传统、民俗等文化资源日益成为经济发展的基础资源，创意、设计、构思等文化创新日益成为价值创造的重要支点，品牌、形象、信誉等文化形态的无形资产日益成为市场竞争的关键所在。经济文化化已成为不可阻挡的新趋势,并且文化为经济发展进入更高层次、更高水平提供着有力的支撑,发挥着重要作用。

26. 如何理解文化是民生的重要组成部分?

答: 文化是人的生活的重要内容和人精神上的内在需求。人的生活中不能没有和缺少文化。我国人民的生活从温饱进入小康之后,精神文化需要更加突出、更加强烈。当前,我们正处在经济转轨、社会转型的加速期,一些人的思想困惑、精神焦虑有所增多,更需要通过文化来传导人文关怀,进行心理疏导和精神抚慰。因此,在这样的情况下,我们讲改善民生,文化应该是一个很重要的组成部分;我们讲公平公正,文化应该是一个不可或缺的重要体现;我们讲幸福指数,文化应该是一个很重要的衡量尺度;我们讲生活质量,文化应该是一个显著的标志。我们应该在坚持"以文化人"、"以文育人"的同时,更好地用文化温润心灵、舒缓压力、涵养人生,更好地丰富人们的精神世界,满足人们多样化多方面的文化需求,切实保障人民群众的基本文化权益,提高人们的生活质量和幸福指数。

27. 如何看待文化在国家治理体系现代化中的重要作用?

答: 文化在国家治理体系现代化中具有重要作用。

第一，文化既是国家治理体系现代化的重要内容和组成部分，也是推进国家治理体系现代化的重要媒介，是决定国家治理体系现代化方向的重要因素。文化与国家治理体系相互联系、相互影响。一般来说，国家治理体系与文化是同质的、一致的，有什么样的文化，就可能构建什么样的国家治理体系；有什么样的国家治理体系，就可能形成什么样的文化。第二，文化作为精神、价值观念和意识形态，在国家治理体系现代化中发挥着重要的价值引导作用。任何国家治理体系的形成、巩固和发展，都需要相应的文化观念提供指导和保障。国家治理体系为谁服务，在很大程度上是由文化价值观念决定的。国家治理体系赞成什么、反对什么，规定什么可以做、什么不能做，确定是非标准、调解利益矛盾等，都是由文化价值观念引导的。因此，我们推进国家治理体系现代化，必须以马克思主义立场、观点和方法为指导，体现国家主流意识形态，吸收中外优秀文化精华。

28. 如何理解基本公共文化服务标准化、均等化？

答：党的十八届三中全会明确提出，要"促进基本公共文化服务标准化、均等化"。公共文化服务体系主要是面向全体人民提供基本公共文化服务，保障人民群众基本文化权益。基本公共文化服务标准化主要是遵循基本性、普惠性和公益性等原则，明确政府所要提供的基本公共文化服务的范围、项目、内容、标准，明确中央和各级政府的事权责任，通过建立国家和地方基本公共文化服务标准，补齐短板、兜住底线，形成对政府的刚性约束，促使政府切实履行保基本、促公平的职责。基本公共文化服务均等化，就是通过有效的制度安排，使全体公民不论其种族、地位和收入差异如何，都能公平可及地获得大致均等的基本公共文化服务。

基本公共文化服务标准化和基本公共文化服务均等化相互联系。均等化是目标，标准化是促进基本公共文化服务均等化的重要途径手段。鉴于人们的文化需求呈现出多样化、差异化、个性化的特点，因此，基本公共文化服务标准化不能在文化内容供给上一刀切，变成单一化、简单化，更不能粗陋化和粗浅化。在公共文化产品和服务供给上，要以人民群众的实际需求为导向，要突出区域和本土特色，要尊重当地群众的文化口味和文化选择，统筹考虑群众的基本文化需求和多样化文化需求，推动公共文化服务向优质服务转变，实现标准化和个性化服务的有机统一。要维护和体现文化的多样性，使公共文化服务在满足人民群众基本文化需求的同时，更好地促进文化的生长和发展。

29. 如何推进基本公共文化服务均等化？

答：推进基本公共文化服务均等化重点从三个方面着手。

一是促进城乡公共文化服务均等化发展。其一，要把城乡基本公共文化服务均等化纳入国民经济和社会发展总体规划及城乡规划。根据城乡常住人口变化，统筹城乡公共文化设施布局、服务提供、队伍建设、资金保障，均衡配置城乡公共文化资源；科学规划社区公共文化设施，加强乡村基层文化设施建设，整合利用闲置学校等现有城乡公共设施资源。其二，拓展重大文化惠民项目服务中的"三农"内容，加大对农村民间文化艺术的扶持力度。推进"三农"出版物出版发行、广播电视涉农节目制作和农村题材文艺作品创作；完善农家书屋出版物补充更新工作；统筹推进农村地区广播电视用户接收设备配备工作，鼓励建设农村广播电视维修服务网点。其三，大力开展流动服务和数字服务，打通公共文化服务"最后一公里"。建立公共文化服务城乡联动机制；以县级文化馆、图书馆为中心推进总分馆制建设，加强对农家书屋的统筹管理，实现农村、城市社区公共文化服务资源整合和互联互通；推进城乡"结对子、种文化"，加强城市对农村文化建设的帮扶，形成常态化工作机制，促进城乡文化交流和文化互补。

二是加大对老少边穷地区公共文化建设的扶持力度。推动革命老区、民族地区、边疆地区、贫困地区公共文化建设实现跨越式发展。其一，与国家扶贫开发攻坚战略结合，编制老少边穷地区公共文化服务体系建设发展规划纲要。根据国家基本公共文化服务指导标准，明确老少边穷地区服务和资源缺口，按照精准扶贫的要求，以广播电视服务网络、数字文化服务、乡土人才培养、流动文化服务、农村留守妇女儿童文化帮扶等为重点，集中实施一批文化扶贫项目；落实对国家在贫困地区安排的公益性文化建设项目取消县以下（含县）及西部地区集中连片特困地区市地级配套资金的政策；加强边境地区基层公共文化设施建设。其二，促进地区对口帮扶，加大人才交流和项目支援力度。深入实施边远贫困地区、边疆民族地区、革命老区人才文化工作者专项支持计划；支持老少边穷地区挖掘、开发、利用民族民间文化资源，充实公共文化服务内容，使老少边穷地区公共文化服务能力和水平有明显改善。

三是切实保障特殊群体基本文化权益。其一，将老年人、未成年人、残疾人、农民工、农村留守妇女儿童、生活困难群众作为公共文化服务的重点对象；积极开展面向老年人、未成年人的公益性文化艺术培训服务、演展和科技普及活动；开展学龄前儿童基础阅读促进工作和向中小学生推荐优秀出版物、影片、戏曲工作；指导互联网网站、互联网文化企业等开发制作有利于青少年身心健康的优秀作品；将中小学生定期参观博物馆、美术馆、纪念馆、科技馆纳入中小学教育教学活动计划；加强乡村学校少年宫建设；实施青少年体育活动促进计划。其二，公共文化服务机构要为残疾人提供无障碍设施。实施盲文出版项目，开发视听读物，建设有声图书馆，鼓励和支持有条件的电视台增加手语节目或加配字幕；加强对残疾人文化艺术的扶持力度。其三，加快将农民工文化建设纳入常住地公共文化服务体系，以公共文化机构、社区和用工企业为实施主体，满足农民工群体尤其是新生代农民工的基本文化需求。

30. 在构建现代公共文化服务体系的过程中,如何做到"精准扶贫"?

答:第一,编制老少边穷地区公共文化服务体系建设发展规划纲要。与国家扶贫开发攻坚战略结合,编制老少边穷地区公共文化服务体系建设发展规划纲要,整体统筹推动革命老区、民族地区、边疆地区、贫困地区公共文化建设实现跨越式发展。

第二,找准老少边穷地区公共文化服务和资源缺口,集中实施一批文化扶贫项目。以基层公共文化设施建设、广播电视服务网络、数字文化服务、乡土人才培养、流动文化服务、农村留守妇女儿童文化帮扶等为重点,集中实施一批文化扶贫项目。落实对国家在贫困地区安排的公益性文化建设项目取消县以下(含县)及西部地区集中连片特困地区市地级配套资金的政策。

第三,促进地区对口帮扶。深入实施边远贫困地区、边疆民族地区、革命老区人才文化工作者专项支持计划,针对老少边穷地区公共文化服务和资源缺口,加大项目支援力度。

第四,加强边境地区基层公共文化设施建设。

第五,支持老少边穷地区挖掘、开发、利用民族民间文化资源,充实公共文化服务内容。

31. 如何打通公共文化服务的"最后一公里"?

答:所谓打通公共文化服务的"最后一公里",就是让城乡和基层居民普遍、均等地享受到公共文化服务，实现基本公共文化服务均等化。

要打通公共文化服务的"最后一公里"，必须从以下几方面着手。

第一，要使由固定公共文化设施和流动公共文化服务点共同组成的公共文化服务网络实现对服务人口的全覆盖。要按照均等性、便利性原则，进一步科学规划、合理布局公共文化设施，加强固定公共文化设施建设，同时，加强流动文化设施和流动文化服务点建设，使由固定公共文化设施和流动公共文化服务点共同组成的公共文化服务网络实现对服务人口的全覆盖。

第二，全面提升公共文化服务的数字化水平。开展数字化公共文化服务，是推进公共文化服务均等化的有效手段。要加快推进公共文化服务数字化建设。结合"宽带中国"、"智慧城市"等国家重大信息工程建设，加快推进公共文化机构数字化建设；统筹实施全国文化信息资源共享、数字文化馆图书馆博物馆建设、直播卫星广播电视公共服务、农村数字电影放映、数字农家书屋、城乡电子阅报屏建设等项目，构建标准统一、互联互通的公共数字文化服务网络，在基层实现共建共享；提高数字文化资源供给能力，科学规划公共数字文化资源建设，建设分布式资源库群，鼓励各地整合中华优秀文化资源，开发特色数字文化产品；支持数字版权公共服务平台建设，实现公共数字文化资源有效保护；加强公共文化大数据采集、存储和分析处理；加快推进数字文化资源在智能社区中的应用，实现"一站式"服务。

第三，建立公共文化服务城乡联动、街（镇）企联动机制。以县级文化馆、图书馆为中心推进总分馆制建设；加强对农家书屋的统筹管理，有条件的地区可以将农家书屋纳入当地图书馆总分馆体系；建立城乡联动、街（镇）企联动机制，实现城市和农村、街道（镇）和企业公共文化服务资源的整合与互联互通；深入开展城乡"结对子、种文化"活动，加强城市对农村文化建设的帮扶，形成常态化工作机制。

第四，大力开展网格化公共文化服务和文化志愿服务。推广张家港市网格化公共文化服务经验，延伸公共文化服务的层级，使公共文化服务覆盖全部人口；大力发展以流动服务为载体的文化志愿服务，使基层公共文化服务更加普惠、精准、有效。

32. 如何保障特殊群体基本文化权益？

答：老年人、未成年人、残疾人、农民工、农村留守妇女儿童、生活困难群众属于社会的特殊群体。保障特殊群体基本文化权益关键要做好以下方面：

第一，在服务重心上予以倾斜。将农民工文化建设纳入常住地公共文化服务体系，将老年人、未成年人、残疾人、农民工、农村留守妇女儿童、生活困难群众作为公共文化服务的重点对象，在服务资源上予以倾斜。

第二，积极开展有针对性的服务。充分发挥各级各类公共文化机构和公共文化服务设施的作用，积极开展面向老年人、未成年人的公益性文化艺术培训服务、阅读服务、电影放映服务、文艺演出、展览和科技普及活动，引导中小学生定期参观博物馆、美术馆、纪念馆、科技馆。公共文化服务机构要为残疾人提供无障碍设施，图书馆要设立盲人阅览室，建设有声图书馆。有条件的电视台要增加手语节目或加配字幕。公共文化机构、社区和用工企业要相互协同和配合，共同做好面向农民工的服务，满足农民工群体尤其是新生代农民工的基本文化需求。

第三，创新服务方式、服务内容和服务手段。要通过数字化和流动服务的方式面向特殊群体开展服务。要采取政府购买服务和政府补贴的方式，鼓励市场和社会为特殊群体提供文化服务。要大力发展面向特殊群体的文化志愿服务。

33. 如何丰富少数民族地区的公共文化产品供给？

答：第一，有针对性地解决少数民族地区公共文化产品供给不足的问题。推动少数民族地区广播电视播出机构在推广国家通用语言文字的同时，开办少数民族语言的频率频道，提高少数民族语言节目译制、制作、播映和传输覆盖能力，解决少数民族地区群众"听不懂广播、看不懂电视"的难题。

第二，推动专项文化惠民工程的实施。继续实施少数民族新闻出版"东风工程"，加强少数民族文字及双语出版物的发行和少数民族语言文艺作品的创作。

第三，加强少数民族地区公共文化服务内容和形式创新。推进少数民族语言文字网站建设，利用互联网满足少数民族地区群众多元化的公共文化需求。

第四,激发少数民族地区文化创造活力。鼓励和支持少数民族地区群众利用当地少数民族文化资源和地方特色文化资源创作和生产公共文化产品,加强公共文化产品的自我供给。

34. 开展"结对子、种文化"活动的意义是什么?

答:第一,开展"结对子、种文化"是以人民为中心工作导向的具体体现。基层群众渴望文化,渴望得到文化上的享受以及文化上的指导和帮助。他们迫切需要有优质、对路的文化产品和文化服务满足自己的文化需求,丰富自己的精神生活,他们更热切希望自己能够参与到文化活动和文化创造中去,在文化建设中实现自我表现、自我教育、自我发展、自我服务。开展"结对子、种文化"活动顺应了基层人民群众对文化建设的新期待新要求,体现了以人民为中心的工作导向,是践行群众路线的具体体现。

第二,开展"结对子、种文化"活动是推动深化文化体制改革的有力举措。十八届三中全会要求紧紧围绕建设社会主义核心价值体系、社会主义文化强国深化文化体制改革,加快完善文化管理体制和文化生产经营机制,建立健全现代公共文化服务体系、现代文化市场体系,推动社会主义文化大发展大繁荣。开展"结对子、种文化"活动有利于建立公共文化服务体系建设协调机制,统筹服务设施网络建设,促进基本公共文化服务标准化、均等化,有利于推动文化惠民项目与群众文化需求有效对接,有利于推动公共文化服务社会化发展,有利于提高文化治理能力,对深化文化体制改革具有积极的推动作用。

第三,开展"结对子、种文化"活动是解决基层文化建设薄弱环节和加快贫困地区公共文化服务体系建设跨越发展的重要手段。开展"结对子、种文化"活动能够有针对性地解决基层文化建设存在的突出问题和薄弱环节,促进基层文化建设繁荣发展。集中力量针对贫困地区开展"结对子、种文化"活动,能够推动贫困地区基层文化建设跨越发展,推动现代公共文化服务体系建设。

第四,开展"结对子、种文化"活动是激发基层文化创造活力的有效途径。开展"结对子、种文化"活动有利于满足人民群众的基本文化需求,提高群众的科学文化素质,调动人民群众参与文化建设的积极性,使基层人民群众的文化创造活力得到激发和彰显。

35. 在文化领域和全社会与基层"结对子"可采取哪些帮扶措施?

答:文化系统和文化部门是"结对子、种文化"的先导和骨干。在文化领域,"结对子"可采取以下一些形式:县以上文化部门、公益性文化单位、文艺院团与需要帮扶的乡(镇、街道)、村(社区)结对子;县以上公益性文化单位、文艺院团与需要帮扶的乡（镇、街道）综合文化站、村（社区）文化室、群众自办文化组织、群众文艺团队结对子；专业文化工作者、文化名人、文化志愿者与基层文化单位、文化爱好者、文化骨干、普通群众结对子等。

在全社会，在自主、自愿的基础上，可以采取地区与地区、部门与部门、单位与单位、机关与镇村、企业与镇村、团队与团队、家庭与家庭、单位与个人、部门与个人、团队与个人、家庭与个人、个人与单位、个人与部门、个人与团队、个人与家庭、个人与个人、一对一、一对多、多对一等各种形式"结对子"。鼓励和引导富裕地区与贫困地区结对子；内地与边疆地区结对子；机关、学校、企业与镇、村结对子；机关党员、干部以及城市居民、大学生与基层群众结对子。

文化系统和全社会与基层"结对子"应主要在以下一些方面提供帮扶。

第一，指导基层文化建设工作。帮助基层梳理当地文化脉络，挖掘文化资源，分析文化优势，找寻文化特色，理清文化建设的思路，确立文化建设的重点，制定科学、合理的文化建设发展规划。指导乡（镇、街道）综合文化站、村（社区）文化室根据自身职能和群众需要创新设置免费开放服务项目、创新开展群众文化活动，提高服务效能。

第二，帮助基层建设、完善文化设施。指导基层建设、完善文化设施，并提供资金、技术、业务支持。按照文化站、文化室设施配备标准，帮助配备开展文化服务和文化活动必需的文化资源、设备、器材，特别是流动服务设备和器材。

第三，加大基层公共文化产品和服务的有效供给。根据基层群众需要，把群众喜闻乐见的图书、电影、演出、展览、讲座、文化艺术培训等送到基层。

第四，培训基层文化队伍和培养基层文化人才。以提高服务意识、服务素质、服务能力、服务水平为目的，采取集中培训、网络培训等多种方式，对基层文化从业人员、文艺团队、文化骨干、文化志愿者进行较为系统的业务和技能培训。采取面对面辅导、网上辅导等多种形式，培养基层文化人才。

第五，指导、帮助基层开展文化艺术创造。指导、帮助基层创作弘扬社会主义核心价值观，贴近群众，具有家常味、泥土气的优秀文艺作品。指导和资助具有时代特点、本土特色、乡土气息的文化艺术创作。

第六，指导、帮助基层建设特色文化。指导、帮助基层培育特色文化之乡、特色文化团队、特色文化家庭、特色文化个人。指导和帮助基层利用当地文化遗产资源和特色文化资源，创意、策划、开展特色文化活动，发展特色文化产业。

第七，帮助个人、家庭和团队发展，实现文化梦想。帮助个人发展文化爱好和文化特长，帮助家庭建设书香家庭、特色文化家庭，帮助团队建设特色文化团队，为个人、家庭、团队实现文化发展和文化梦想提供各种切实有效的帮助。

36. 党委、政府及社会各方面在"种文化"方面可以采取哪些措施？

答：党委、政府及社会各方面在"种文化"方面可以采取以下措施：

第一，建立"结对子、种文化"协调机制。建立党委领导、相关部门参加的"结对子、种文化"协调机制，统筹推进"结对子、种文化"活动的开展。

第二，实施"种文化"专项计划。针对边远贫困地区，实施"种文化"专项计划。由组织、文化、财政、人力资源和社会保障、扶贫办等部门联合，每年选派一批优秀文化工作者到边远贫困地区基层工作，并为边远贫困地区基层培养文化骨干和文化工作者。同时，选送边远贫困地区基层文化骨干和文化工作者到富裕地区文化部门和文化单位学习、工作，提高工作能力和工作水平。

第三，推动优质文化资源配置向基层倾斜。建立群众需求反馈机制，采取政府采购、项目补贴、定向资助以及无偿支援等方式，将文化名人、名家、精品剧目等优质文化资源送到基层。

第四，开展文化普及活动。以"文化，我的权益我的梦"为主题，引导基层群众"培养一门文化兴趣、掌握一项文化技能、阅读一本文化书籍、欣赏一部经典电影、聆听一场文化讲座、观看一场文艺演出、创作一件文化作品、体验一项文化传承、加入一次文化传播、参与一次文化服务"，激发群众对文化的热情，养成健康的生活情趣和生活方式。

第五，培育、建立素质较高的基层文化队伍。建立基层文化人才档案库，挖掘和发现生活在基层的文化热心人、"乡土艺术家"和文化能人，重点对其进行指导、辅导和帮助，逐步培育和建立起扎根基层、热爱群众、热心文化的基层文化队伍，使之成为基层文化建设的生力军。

第六，引导、鼓励、扶持群众自办文化。通过制定税收、用地、用电等优惠政策，引导群众自办文化大院、收藏馆、村史馆、展示馆、书社、民间剧团、文化团队等。采取企业冠名、结对共建等方式，支持和帮助群众文化团队发展。

第七，为基层群众"量身定制"节目。发挥专业文艺团体优势，利用当地传统艺术表现形式，以群众身边的先进人物、凡人小事为素材，创作主题鲜明突出，基调积极向上，充满浓郁时代气息、民族特色和健康生活情趣，刻画最美人物、颂扬道德模范，讴歌人间真情、传递社会正能量的艺术作品，并为基层群众演出。

第八，组织开展群众文化活动。依托"七一"、"八一"、"十一"等革命节日，春节、清明、端午、中秋等传统节日，"三八"、"五一"、"六一"等国际性节日，以及少数民族传统节日，组织开展群众文化活动和文化志愿服务活动。举办读书节、社区文化节、邻里文化节、文艺团队展演等特色文化活动，为文化团队和个人提供文化交流、文化服务和文化展示的平台，促进基层文化的繁荣发展。

第九，搭建城乡文化互动的平台。组织基层优秀文化产品到城市展示和演出，促进城乡文化的交流、融合、共生、共荣。

37. 如何合理规划建设公共文化设施？

答：公共文化设施是现代公共文化服务体系的重要组成部分，是公共文化服务的重要载体。合理规划建设公共文化设施，要做到以下三点：

第一，健全标准。我国虽已编制并出台了文化馆、图书馆、乡镇综合文化站的建设标准和用地标准，但还有许多其他类型的公共文化设施缺乏统一标准，如剧场、美术馆、文化广场等等。因此，要分别完善公共文化设施布局、土地使用、建设规模、设计和施工规范以及技术要求等方面的标准。

第二，合理规划。要根据公共文化设施对服务人口全覆盖的原则，合理规划固定设施和流动设施服务网点的布局。根据城镇化发展趋势和城乡人口分布的实际情况，坚持均衡配置、严格预留、规模适当、功能优先、经济适用、节能环保的原则，合理规划和统筹城乡各类公共文化设施建设。

第三，加强城乡基层公共文化设施建设。整合利用闲置学校等现有城乡公共设施，依托城乡社区综合服务设施，加强城市社区和农村文化设施建设。在充分利用现有城乡公共设施资源的基础上，统筹建设集宣传文化、党员教育、科技普及、普法教育、体育健身等多功能于一体的基层公共文化服务中心，并配套建设群众文体活动场地。

38. 如何提高公共文化设施的建设、管理和服务水平？

答：第一，要健全公共文化设施布局、土地使用、建设规模、设计和施工规范以及技术要求等标准。按照城乡人口发展和分布，坚持均衡配置、严格预留、规模适当、功能优先、经济适用、节能环保的原则，合理规划建设各类公共文化设施。要结合基层公共服务设施建设，制定村（社区）综合公共文化服务中心建设标准，充分利用现有城乡公共设施，统筹建设集宣传文化、党员教育、科技普及、普法教育、体育健身等多功能于一体的基层公共文化服务中心，配套建设群众文体活动场地。

第二，健全管理和服务标准体系。坚持设施建设和运行管理并重，健全公共文化设施运行管理和服务标准体系，规范各级各类公共文化机构服务项目和服务流程，完善内部管理制度，提高服务水平。

第三，加大公共文化设施管理队伍建设。我国公共文化设施的管理团队主要由从事公共文化服务的专业技术人员、支撑公共文化服务的管理人员和业余文化志愿参与的辅助人员三类人群构成，要采取不同的方法，结合不同的岗位和要求，加强管理和服务方面的培训，提高管理和服务能力。

第四，创新管理模式。开展公共文化设施社会化运营试点，通过委托或招投标等方式吸引有实力的社会组织和企业参与公共文化设施运营。

第五，创新公共文化设施服务评价工作机制。建立群众文化需求反馈机制,及时准确了解和掌握群众文化需求,动态调整公共文化服务项目和内容。建立公共文化设施评价考核指标,将考评结果与预算确定、收入分配、负责人奖惩相结合。

39. 博物馆的定义是什么?

答:根据《博物馆条例》规定,博物馆是指以教育、研究和欣赏为目的,收藏、保护并向公众展示人类活动和自然环境的见证物,经登记管理机关依法登记的非营利组织。博物馆包括国有博物馆和非国有博物馆。利用或者主要利用国有资产设立的博物馆为国有博物馆;利用或者主要利用非国有资产设立的博物馆为非国有博物馆。

40. 文化馆的含义是什么?

答:文化馆是由国家、地方政府建立、支持和资助的公益性文化机构,它向社会所有成员平等开放,以开展社会公众教育、普及文化艺术知识、传承优秀传统文化、辅导基层文化骨干、组织群众文化活动为主要工作内容,为全体公民提供各类公共文化资源和公共文化服务,使他们可以获得知识、信息、娱乐和创造力。

41. 如何规范各级文化馆的职能？

答：文化馆是一个系统，不同层级的文化馆在职能上应该有所区分。原则上，应该对不同层级的文化馆在职能上作如下规范。

省级文化馆的功能定位应是全省文化馆体系的龙头。其职能为：①参与和指导全省各级文化馆的规划与建设。②指导全省各级文化馆业务工作。③组织开展全省群众文化艺术产品的创作、生产与推广。④举办和承办全省性及示范性公益文化艺术活动。⑤开展具有导向性、引领性和示范性的公益性文化艺术服务和全民艺术普及工作。⑥指导全省各级文化馆开展非物质文化遗产保护工作。⑦辅导培训基层文化馆业务人员。⑧编辑出版全省性群众文化杂志和公共文化书籍。⑨组织开展群众文化、公共文化和非物质文化遗产理论研究。⑩组织开展全省和对外文化交流活动。⑪示范性开展免费开放服务。⑫建立全省文化馆系统公共数字文化服务平台和全省文化馆系统流动服务体系。⑬整合全省各级文化馆资源及社会资源开展联合服务。⑭发布全省文化馆发展报告及权威信息。

副省级文化馆的功能定位应是副省级城市文化馆体系的龙头。其职能为：①参与和指导副省级城市各级文化馆的规划与建设。②指导副省级城市各级文化馆业务工作。③组织开展全市群众文化艺术产品的创作、生产与推广。④举办和承办全市性及示范性公益文化艺术活动。⑤开展具有导向性、引领性和示范性的公益性文化艺术服务和全民艺术普及工作。⑥指导全市各级文化馆开展非物质文化遗产保护工作。⑦辅导培训基层文化馆业务人员。⑧编辑出版全市性群众文化杂志和公共文化书籍。⑨组织开展群众文化、公共文化和非物质文化遗产理论研究。⑩组织开展全市和对外文化交流活动。⑪示范性开展免费开放服务。⑫建立全市文化馆系统公共数字文化服务平台和全省文化馆系统流动服务体系。⑬整合全市各级文化馆资源及社会资源开展联合服务。⑭发布全市文化馆发展报告及权威信息。

地市级文化馆的功能定位应是地区性文化馆体系的中心馆。其职能为：①参与和指导县级文化馆、乡镇文化站的规划与建设。②指导县级文化馆和乡镇文化站业务工作。③组织开展全市群众文化艺术产品的创作、生产与推广。④举办和承办全市性及示范性公益文化艺术活动。⑤开展具有导向性、引领性和示范性的公益性文化艺术服务和全民艺术普及工作。⑥指导县级文化馆开展非物质文化遗产保护工作。⑦辅导培训县级文化馆和乡镇文化站业务人员。⑧编辑出版全市性群众文化杂志和公共文化书籍。⑨组织开展群众文化、公共文化和非物质文化遗产理论研究。⑩组织开展文化交流活动。⑪开展免费开放服务。⑫建立全市文化馆系统公共数字文化服务平台和全市文化馆系统流动服务体系。⑬整合全市各级文化馆、站资源及社会资源开展联合服务。⑭发布全市文化馆发展报告及权威信息。

县（区）级文化馆的功能定位应是县（区）级文化馆体系的核心馆。其职能为：①参与和指导乡镇（街道）

文化站、村（社区）文化室的规划与建设。②指导乡镇（街道）文化站、村（社区）文化室业务工作。③组织全县（区）群众文化艺术产品的创作、生产与推广。④举办全县（区）性及示范性公益文化艺术活动。⑤开展具有导向性、引领性和示范性的公益性文化艺术服务和全民艺术普及工作。⑥指导乡镇（街道）文化站开展非物质文化遗产保护工作。⑦辅导培训乡镇（街道）文化站、村（社区）文化室业务人员及文化志愿者、文艺团队和文艺骨干。⑧编辑出版群众文化杂志和公共文化书籍。⑨组织开展群众文化、公共文化和非物质文化遗产理论研究。⑩组织开展文化交流活动。⑪开展免费开放服务。⑫建立县（区）级文化馆站公共数字文化服务平台和全县（区）文化馆、站流动服务体系。⑬整合全县（区）文化馆、站及社会资源开展联合服务。⑭发布全县（区）群众文化发展报告及权威信息。

42. 什么是"图书馆总分馆制"？

答："图书馆总分馆制"是指由同一个建设主体资助、同一个主管机构管理的图书馆群，其中一个图书馆处于核心地位作为总馆，其他图书馆处于从属地位作为分馆，分馆在行政上隶属于总馆，或与总馆一起隶属于同一个主管部门，在业务上接受总馆管理。总分馆在内部结构上应是一个整体，实行人财物的统一管理，总馆与分馆之间是上下级关系而不只是业务指导关系。

"图书馆总分馆制"是国外发达国家公共图书馆成

熟的组织形式和服务模式。国内一部分地区也积极推进图书馆总分馆制。国内图书馆总分馆制模式主要有以下几种：

一是政府主导下的统一管理模式。即总分馆由总馆的上级政府作为建设主体，总馆与分馆有同一个管理机构，其内部实行人财物统一管理。这种模式的代表主要有佛山市禅城区联合图书馆等。

二是政府主导下的多元管理模式。即总分馆建设主体多元，或者虽然总分馆有同一个建设主体，但总馆与分馆不属于同一个管理机构，总分馆内部不完全实行统一管理，特别是分馆人员不完全归总馆管理。这种模式的代表主要有东莞集群图书馆、深圳福田区图书馆总分馆、嘉兴市图书馆总分馆等。

三是合作形式下的全委托模式。即总分馆建设主体多元，分馆的建设主体将分馆的管理全部委托给总馆，分馆人员亦由总馆派遣，总分馆内部实行统一管理。这种模式的代表主要有苏州图书馆总分馆等。

四是合作形式下的半委托模式。即总分馆建设主体多元，分馆的建设主体将分馆的部分管理权委托给总馆，但分馆人员不归或不完全归总馆管理，总分馆内部实质上无法实行统一管理。这种模式的代表主要有深圳市罗湖区图书馆总分馆、深圳市龙岗区图书馆总分馆等。

43. 什么是"文化馆总分馆制"？

答："文化馆总分馆制"是一种文化馆建设的新探索。

重庆市大渡口区在创建第一批国家公共文化服务体系示范项目时，提出并建设的所谓"文化馆总分馆制"，就是建设一个由同一个主管机构管理的文化馆集群，其中一个馆处于核心地位作为总馆，其他馆处于从属地位作为分馆，形成覆盖城乡、布局合理、结构完整、功能健全、实用高效的文化馆服务体系。"文化馆总分馆制"的基本特征是总馆与分馆实现网点布局、设备资源、经费保障、人员队伍、文化服务、考核管理、形象标识、岗位培训"八个统一"。总馆工作人员派驻分馆担任业务副馆长，其集管理员、培训辅导员、演员和创作员"四大员"角色于一身，充分发挥总馆对分馆的管理和指导、带动功能，提高文化馆体系的整体服务效能。此后，多个地方对"文化馆总分馆制"进行了新的实践和探索。

44. 为什么要建立文化馆总分馆制？

答：中共中央办公厅、国务院办公厅《关于加快构建现代公共文化服务体系的意见》要求"以县级文化馆、图书馆为中心推进总分馆制建设"。

建设文化馆总分馆制，出发点是加强乡镇文化馆的建设和服务，重点是在文化馆与文化站之间实现"人员互通、设施成网、资源共享、服务联动"，目的是提高县域文化馆体系服务效能。

对于文化站而言，建设文化馆总分馆制，可以解决基层文化站普遍存在的专业人员力量不足、服务资源不足、服务规范化和标准化欠缺、设施孤岛化、不能全面履行职能等问题。

对于文化馆而言，可以解决文化馆系统目前存在的体系化程度不高、整体服务效能不高等问题。

文化馆总分馆制是现代公共文化服务体系背景下文化馆建设的新形式，是提高文化馆体系服务效能的积极实践。建设文化馆总分馆制将实现文化馆、文化站、政府、文化主管部门等的多赢和共赢，从而，更好地推动公共文化服务标准化、均等化。

45. 建设文化馆总分馆制要注意哪些方面？

答：①要加强对文化馆总分馆制的顶层设计。加强对文化馆总分馆制理论研究和制度设计，建立完善的文化馆总分馆制的建设、管理和运行机制。②要协调好文化馆总分馆制建设各相关方之间的关系。文化馆总分馆制建设的主导方要充分尊重文化馆总分馆制建设各相关方的情感，兼顾和协调文化馆总分馆制建设各相关方的利益诉求，保证文化馆总分馆制建设顺利进行。③要建立完善文化馆总分馆制绩效评估、评价反馈机制。对文化馆总分馆制开展科学合理的考评和"群众满意度"调查，不断完善文化馆总分馆制的建设、管理与服务，实现文化馆总分馆制的可持续发展。

46. 公共图书馆免费开放包括哪些内容？

答：公共图书馆的基本职能是面向公众提供文献信

息资源，开展阅读推广等公共文化服务。与基本职能相应的免费开放内容主要包括：①免费开放设施场地：一般阅览室、电子阅览室、自修室、报告厅（培训室、综合活动室）等。②免费提供基本服务项目：文献资源检索、阅览、外借、上网与数字资源的检索、浏览，参考咨询服务，阅读推广活动，面向基层的延伸服务或流动服务，公益性讲座和展览等。③免费提供配套管理服务：办证、验证及存包等。

47. 文化馆免费开放的内涵、边际、内容是什么？

答：文化馆免费开放包括两个方面，一是指公共空间设施场地免费开放，二是指与其职能相适应的基本公共文化服务项目健全并免费向群众提供。文化馆免费开放的边际可以在两个方面予以设定，在公共空间设施场地免费开放方面可设定为国家一级文化馆的最低面积；在免费服务方面可设定为与地方现阶段经济社会发展水平相符合的基本公共文化服务项目和内容。文化馆免费开放的内容包括：①免费开放设施场地，如辅导培训室、文艺教室、排练室、娱乐活动室、多功能厅、展览厅（陈列厅）、计算机与网络教室（电子阅览室）、老年大学教室等。②免费提供基本服务项目，如时政法制科普教育，文化艺术普及与辅导，群众文化活动，基层队伍和业余文艺骨干培训，群众文化产品创作生产，民族民间文化展示和传习，公益性讲座和展览，面向基层的延伸服务或流动服务等。

48. 文化站免费开放包括哪些内容？

答：文化站的基本职能是宣传普及文化知识，组织群众文化活动，辅导业余文化骨干，培育乡土特色文化，协助管理文化市场。与文化站基本职能相应的免费开放内容主要包括：①免费开放设施场地：辅导培训室、图书室、多功能厅、展览室（陈列室）、文化信息资源共享工程基层服务点（公共电子阅览室）、室外活动场地、宣传栏（橱窗）等。②免费提供基本服务项目：书报刊借阅、时政法制科普教育、群众文化活动、数字文化信息服务、公共文化资源配送和流动服务、体育健身、青少年校外活动等。③免费提供配套管理服务：办证、验证、存包等。

49. 公共图书馆、文化馆免费开放是不是意味着所有服务全部免费？

答：公共图书馆、文化馆免费开放并不意味着所有服务全部免费。公共图书馆、文化馆除为广大群众提供基本公共服务外，为满足人民群众多层次、多样化的需求，还提供了多种多样非基本的公益性服务。如公共图书馆提供的深度参考咨询服务（为读者收集专题信息，编写参考资料，或者进行代查、代译、复印书刊资料等服务）、赔偿性收费和文化馆（站）提供的高端艺术培训服务等，这些都可以收取合理的费用。在财政经费保障机制建立的前提下，各级公共图书馆、文化馆（站）应把主要精力用于开展基本公共文化服务。基本公共文化服务以外的公益性服务，要与市场价格有所区分，降低收费标准，按照成本价格为群众提供服务。文化馆（站）面向大众、开展文化艺术普及培训活动属于基本服务项目的内容，应实施免费开放。面向社会少数群体的个性化需求，举办的非普及性质的社会艺术培训班，是国家政策规定允许的收费项目，其收入属于事业性收入。

50. 博物馆举办陈列展览应当遵守哪些规定？

答：①主题和内容应当符合宪法所确定的基本原则和维护国家安全与民族团结、弘扬爱国主义、倡导科学精神、普及科学知识、传播优秀文化、培养良好风尚、促进社会和谐、推动社会文明进步的要求；②与办馆宗旨相适应，突出藏品特色；③运用适当的技术、材料、工艺和表现手法，达到形式与内容的和谐统一；④展品以原件为主，使用复制品、仿制品应当明示；⑤采用多种形式提供科学、准确、生动的文字说明和讲解服务；⑥法律、行政法规的其他有关规定。陈列展览的主题和内容不适宜未成年人的，博物馆不得接纳未成年人。

51. 文化馆设置免费开放服务项目应遵循哪些原则？

答：文化馆是公共文化服务体系重要组成部分。文化馆开展免费开放服务旨在切实为人民群众提供基本公共文化服务，保障人民群众基本文化权益。因此，文化馆设置免费开放服务应遵循以下原则：①公益性。文化馆设置的免费开放服务项目所提供的文化服务应是免费服务，或是低于成本、收费很少的服务，具有公益性质，体现对人的关怀，促进人的素质的提高和全面发展，不以营利为目的。②基本性。文化馆设置的免费开放服务项目所提供的文化服务应是基本文化服务，而不是所有文化服务。③均等性。文化馆设置的免费开放服务项目在提供文化服务时，应让每个公民享有获得服务机会的公平，服务内容、质量和服务过程的公平。④便利性。文化馆设置的免费开放服务项目所提供的公共文化服务应是近距离的、经常性的服务，方便群众获得和参与。⑤贴近性。文化馆设置的免费开放服务项目应贴近文化馆的职能，贴近当地的文化传统，贴近老百姓的文化需求。⑥参与性。文化馆设置的免费开放服务项目应力求做到新颖、独特、益智、有趣，具有较强的参与性。⑦引导性。文化馆设置的免费开放服务项目在提供文化服务的同时，能够提升人的素质和精神境界，引导人建立正确的价值观和生活方式。⑧创新性。文化馆设置的免费开放服务项目在服务内容、服务手段、服务方式上，要体现创新，能够受到更多群众欢迎。

52. 文化馆在免费开放过程中应处理好哪些关系？

答：文化馆在深入推进免费开放过程中要注意处理好以下几个关系。①基本服务与非基本服务的关系。文化馆要在提供基本性服务的同时，也要提供包括提升性服务和高端性服务在内的非基本性服务。要把基本性服务做强,提升性服务做"优",高端性服务做"特"。②一般性项目和引领性项目的关系。文化馆免费开放要设立常规性一般性普惠性的项目,同时,也要设立具有创新性特色性引领性的项目。③固定服务与流动服务及数字化服务的关系。要做到固定服务、流动服务、数字化服务有机结合,相互补充。④服务弱势群体与服务全体人民的关系。文化馆既要注意服务弱势群体,同时,也要服务社会主流人群,特别是中青年群体。⑤服务大众与服务小众的关系。文化馆既要服务大众,同时,也要为小众提供服务,满足不同人群对公共文化的需求。⑥免费开放服务与全面履行职能的关系。文化馆要做好免费开放服务,更要全面履行职能。⑦独立服务与文化馆(站)系统服务的关系。文化馆在利用自身单个馆的力量提供公共文化服务的同时,还应该借助整个文化馆系统的力量提供公共文化服务。⑧独立提供服务与社会参与的关系。文化馆除了利用自身和系统的力量提供公共文化服务,还应该引导和鼓励社会力量共同参与提供公共文化服务。

53. 公益性文化单位在免费开放中应确立怎样的工作理念?

答:①要确立设施即服务的理念。公益性文化单位应根据自身的职能和当地人民群众的文化需求,努力完善设施设备,精心设置文化活动和文化服务项目,使文化活动和文化服务项目新颖、独特、生动、丰富、益智、有趣,让人民群众渴望参与,愿意参与,乐于参与,最大限度提高公共文化设施的利用率。要坚持设施和服务的公益性。设施出租的,要坚决限期收回。在财政经费保障机制建立的前提下,要取消基本服务收费,对于基本服务以外的文化服务项目,要降低收费标准,不得以营利为目的。②要确立产品即服务的理念。公益性文化单位在创作、生产和提供公共文化产品时,一定要准确把握和适应社会文化生活的新特点和人民群众的新期待,使公共文化产品做到思想性、知识性、艺术性、观赏性的有机统一,具有较强的吸引力和感染力。③要确立技术即服务的理念。公益性文化单位应充分运用科技手段,提高公共文化服务的科技含量,充分依托全国文化信息资源共享工程、国家数字图书馆工程、公共电子阅览室等,拓展数字文化服务空间,使数字文化服务更好地满足人民群众特别是广大青少年的精神文化需求,促进公共文化服务均等化、便利化。④要确立能力即服务的理念。公益性文化单位从业人员应加强学习和培训,努力学习与业务工作密切相关的新理论、新知识、新规则、新技能,拓宽文化视野,完善知识结构,切实提高自身素质和服务能力。⑤要确立管理即服务的理念。公益性文化单位应根据免费开放的需要,制定服务标准和服务规范,建立新的管理机制和运行机制,营造良好的服务环境,提高服务质量和服务效能。⑥要确立创新即服务的理念。要开拓思路,大胆实践,不断拓展服务领域,拓宽服务渠道,不断加强公共文化服务内容、形式、手段的创新。

在实现均等普惠的基础上，要逐步增设多样化服务，重点增加对未成年人、老年人、农民工等特殊人群的对象化服务，提供更加人性化的服务设施和服务项目。通过持续创新，不断提高公共文化服务的吸引力。

54. 如何深入推进免费开放工作？

答： 第一，进一步完善公共文化设施免费开放的保障机制。进一步加强政策保障、经费保障、人员保障、技术保障。对实行免费开放后工作量大量增加、现有机构编制难以满足需要的公益性文化事业单位，应合理地增加机构编制。要建立与免费开放相适应、相配套的合理的分配机制。

第二，进一步扩大免费开放范围。在深入推进公共图书馆、博物馆、文化馆、纪念馆、美术馆等免费开放工作的基础上，逐步将民族博物馆、行业博物馆纳入免费开放范围。推动科技馆、工人文化宫、妇女儿童活动中心以及青少年校外活动场所免费提供基本公共文化服务项目。

第三，进一步拓展免费开放主体。鼓励经营性文化设施、非物质文化遗产传习场所和传统民俗文化活动场所等向公众提供优惠或免费的公益性文化服务；鼓励党政机关、国有企事业单位和学校的各类文体设施向社会免费或优惠开放。

第四，提高免费开放服务的针对性和有效性。建立群众文化需求反馈机制，及时准确了解和掌握群众文化需求，制定公共文化服务提供目录，开展"菜单式"、"订单式"服务，并为公众开展文化活动提供支持和帮助。加强公共文化服务品牌建设，推动形成具有鲜明特色和社会影响力的服务项目。

第五，开展联合服务。加大对跨部门、跨行业、跨地域公共文化资源的整合力度。以行业联盟等形式，开展馆际合作，推进公共文化机构互联互通，开展文化服务"一卡通"、公共文化巡展巡讲巡演等服务，实现区域文化共建共享。

55. 如何认识现代公共文化服务体系背景下文化馆的地位和作用？

答：在公共文化服务体系的背景下，我们有必要对文化馆的地位和作用进行新的全面的思考和认识。

第一，文化馆体系是中国特色社会主义文化事业的重要标志。文化馆体系是中国特有的公益性文化机构体系。文化馆这个名称是在中国共产党夺取政权，建立新中国后全面出现的。这个名称最早出现时，前面还冠以"人民"二字。新中国建立之后，政府一方面将民国时建立的民众教育馆更名为"人民文化馆"，一方面新建了文化馆。文化馆的设立既延续和顺应了中国注重民众教育的传统，同时，也体现了在社会主义中国，人民群众是文化的创造主体、享有主体、表现主体，社会主义文化全民共建、全民共享的特点。文化馆这个名称和这个机构的出现，意义重大而深远。它意味着执政的中国共产党人对文化建设的重视，意味着中国共产党人对人民群众文化创造主体地位的尊重，意味着中国共产党人对人民大众文化生活的关切和关心，意味着中国共产党人对丰富人民群众精神生活，满足和实现人民群众基本文化权益的自觉的责任担当。尽管一开始时，人们并没有清醒、深刻和完全地认识到这一点。但在今天公共文化服务体系建设的背景下来看，建立文化馆的深层次内涵确实如是。党的十七届六中全会提出走中国特色社会主义文化发展道路。可以说，文化馆体系是中国特色社会主义文化事业的一个重要标志，办好文化馆，充分发挥文化馆的效能，就是走中国特色社会主义文化发展道路的一个具体体现。我们应该从这样一个高度上来认识文化馆，认识文化馆存在的价值和意义，从而进一步增强建设和发展好文化馆事业的责任感、使命感和信心。

第二，文化馆体系是我国公共文化服务体系不可或缺的重要组成部分。党的十七届六中全会决定指出，加强公共文化服务是实现人民基本文化权益的主要途径。要以公共财政为支撑，以公益性文化单位为骨干，以全体人民为服务对象，以保障人民群众看电视、听广播、读书看报、进行公共文化鉴赏、参与公共文化活动等基本文化权益为主要内容，完善覆盖城乡、结构合理、功能健全、实用高效的公共文化服务体系。在所有公共文化机构排序中，把文化馆排在第一位。在整个国家的公共文化服务体系中，文化馆体系是不可或缺的重要组成部分。甚至可以这么说，如果没有文化馆体系功能的充分发挥，公共文化服务的均等化将会沦为空谈。①文化馆网络体系是我国公共文化服务网络建设与构成的重要基础。我国的公共文化服务设施网络覆盖体系包括中央、省、市、县、乡、村六级。文化馆体系包括了省、市、县级文化馆以及乡镇综合文化站和村文化室，这完整的五级文化馆网络体系构成了我国公共文化服务设施网络体系建设的重要基础。没有完整的五级文化馆网络体系做基础和依托，或者失去了完整的五级文化馆网络体系做骨干和支撑，中国的公共文化服务设施网络体系将无从谈起。②文化馆体系服务的范围和受众面极广。在公共文化服务体系的背景下，文化馆的职能主要包括：以文艺的形式弘扬社会主义核心价值体系；开展公益性文化艺术服务和社会艺术教育工作；辅导培训基层文化人员和文艺骨干；组织开展群众文化活动；组织创作生产和推广群众文艺作品及其他公共文化产品；组织开展相关文化理论研究；保护和利用非物质文化遗产；组织开展文化交流活动等。文化站的主要职能包括：开展书报刊借阅；时政法制科普教育；文艺演出活动；数字文化信息服务；公共文化资源配送和流动服务；体育健身和青少年校外活动等。因为文化馆（站）的职能丰富，文化馆设施体系覆盖了省、市、县、乡、村五个层级，因此，文化馆体系服务的范围和受众面极广，在实现公共文化服务均等化方面具有重要作用。③文化馆体系服务方式、服务内容具有多样性、综合性、互动性和灵活性。文化馆体系提供的公共文化服务方式有设施服务、流动服务和数字化服务，服务内容包括普及文化艺术知识、组织群众文化活动、辅导基层文化骨干、开展社会教育工作、传承民族民间文化等各个方面，具有多样性、综合性、互动性的特点。此外，文化馆体系的服务方式和服务内容可以根据服务对象的要求和服务场地、服务条件的变化随时做调整，因而具有灵活性。正因为文化馆体系服务方式、服务内容具有多样性、综合性、互动性和灵活性的特点，它更能在更大限度上满足人民群众多层次、多样化的文化需求，保障和实现人民群众的基本文化权益。

第三，文化馆（站）是党和政府联系人民群众的重要桥梁和纽带。密切联系群众是党的"三大法宝"之一。社会主义文化发展的根本目的是为了人民。要做到文化发展为了人民、文化发展依靠人民、文化发展成果由人民共享，就必须始终密切联系群众。文化馆（站）作为政府设立的公益性文化机构，为党和政府联系人民群众起到了重要的桥梁和纽带作用。①文化馆（站）服务的过程是和人民群众感情交流的过程。文化馆（站）所提供的公共文化服务大多是以人为载体。正因为是以人为载体，因此，这种服务就不是单向的，呆板的，僵硬的，而是双向的，生动的，鲜活的。文化馆（站）所提供的文艺演出、文化活动、文化艺术培训等服务，既是文化馆（站）工作者向人民群众提供文化艺术产品、传授文化艺术知识与技能的过程，同时也是和人民群众交流思想感情的过程。在这过程中，文化馆（站）工作者与普通百姓之间的感情被拉近，政府与人民群众之间的感情也被拉近。②文化馆（站）服务的过程是了解文化民意、文化民情、文化民生的过程。文化馆（站）所提供的服务是与人民群众面对面、心贴心、零距离的服务。文化馆（站）在服务的过程中自然而然地就会了解到人民群众的反应，听到人民群众的评价和反馈意见，掌握人民群众的意愿和要求。因此，文化馆（站）提供文化服务的过程既是改善文化民生的过程，也是了解文化民意、文化民情、文化民生的过程。③文化馆（站）服务的过程是吸引人民群众共同参与、共同享有、共同创造的过程。文化馆（站）所设置的免费开放服务项目以及所开展的各种文化活动都特别强调和追求做到新颖、独特、益智、有趣，贴近当地的文化传统，贴近老百姓的文化需求，让人民群众乐于接受、乐于参与，并引导群众在文化建设中自我表现、自我教育、自我服务，让人民群众成为文化创造的主体。文化馆（站）积极致力于通过提供优质、丰富的公共文化产品与服务，满足人民群众基本文化需求，提高人民群众的道德文化素质和精神境界，启发和培养人民群众的文化自觉，引导人民群众建立正确的价值观，养成健康的生活方式，激发广大人民群众的文化创造活力。因此，文化馆（站）提供文化服务的过程也是吸引人民群众共同参与、共同享有、共同创造的过程。

第四，文化馆（站）是弘扬社会主义核心价值体系和建设社会主义文化强国的重要载体。党的十七届六中全会提出了建设社会主义文化强国的战略目标，并指出，社会主义核心价值体系是兴国之魂，是社会主义先进文化的精髓，决定着中国特色社会主义发展方向。文化馆（站）是弘扬社会主义核心价值体系和建设社会主义文化强国的重要载体和重要力量，在培育和践行社会主义核心价值观，促进文化传承和文化创新方面起着重要作用。①优秀传统文化是群众文化活动的重要依托和资源。优秀传统文化凝聚着中华民族自强不息的精神追求和历久弥新的精神财富，是发展社会主义先进文化的深厚基础，是建设中华民族共有精神家园的重要支撑。优秀传统文化既是文化馆（站）开展群众文化活动的重要资源，也是重要依托，许多重要的群众文化活动都是依托春节、清明、端午、中秋等传统节日以及重大历史事件、历史人物纪念日、当地特有的民俗活动而开展。②社会主义核心价值体系是群众文艺创作、群众文化活动的精神内核。文化馆（站）自觉地把社会主义核心价值体系作为群众文艺创作、群众文化活动的精神内核，通过创作和传播优秀的群众文艺作品及其他公共文化产品，开展人民群众广泛参与、丰富多彩的群众文化活动，大力弘扬民族精神和时代精神，倡导富强、民主、文明、和谐，倡导自由、平等、公正、法治，倡导爱国、敬业、诚信、友善，积极培育和践行社会主义核心价值观，丰富人民精神世界，增强人民精神力量。③激发全民族文化创造活力、推动文化创新是文化馆（站）的价值追求。建设社会主义文化强国，关键是增强全民族文化创造活力。文化馆（站）的根本任务就是文化传承和文化创新，通过开展文化艺术普及，保护利用非物质文化遗产，组织开展丰富多彩的群众文化活动，提高全民族的科学文化审美素质，激发全民族的文化创造活力，使人民群众的精神风貌更加昂扬向上。

56. 如何理解文化馆必须要有文化内涵？

答：文化馆是政府设立的公益性文化机构，是人民群众接受文化艺术教育的殿堂和开展文化活动的重要场所，在公共文化服务体系建设中，发挥着重要作用。作为文化的载体和文化的传播者，文化馆理所当然地应该具有文化品位，文化内涵。

文化馆的设施应该具有文化内涵。文化馆是文化设施，因此，就其建筑本身而言，文化馆的建筑不应只是一般的建筑，而应该是具有文化特点、文化意蕴、文化内涵、文化象征的建筑。一座好的文化馆建筑，其造型和外观应该能够充分体现当地的文化特质、文化特色，体现当地最具代表性的文化元素和文化符号。让人一看到文化馆的建筑外形，就像看到2010上海世博会上的许多国家馆一样，立刻为之吸引，从而产生走进其中的愿望和冲动。此外，文化馆内部的装饰、环境布置和项目设置也应该充分体现文化品位和文化内涵。就其内部装饰和环境布置而言，在其装饰材料的选择、色彩的搭配、设施设备的配置、功能区的分割、墙壁和空间的布置、氛围的营造等方面，都应体现一定的文化品位，让人于舒适、舒展、温馨、愉悦中感受到一种浓郁的文化艺术气息。在免费开放项目设置上，文化馆应该设有非物质文化遗产展示厅、地方历史文化展示厅、艺术展厅等，通过展示富有特色的地方文化、历史和当代文化艺术创造，增加文化馆的文化内涵，增强文化馆的文化吸引力。

文化馆的产品应该具有文化内涵。文化馆的重要任务之一，就是要为广大人民群众提供优质、丰富的公共文化产品。文化馆所生产和提供的产品一定要有含金量，要有艺术品位和文化内涵。人民群众需要精美的精神食粮。文化馆的文学艺术家要加强生活积累、知识积累、情感积累、艺术积累，一定要把人民满意作为最高标准，把服务群众作为创作的基点和归宿。在创作文艺作品时，要从情感出发，而不是从口号出发，要从人物出发，而不是从概念出发。要善于从传统文化中汲取创作的营养，从人民群众的伟大实践中寻找创作的素材。要把自己所要宣传的时代精神巧妙地融合到作品中去，把自己所要表达的思想通过场面、情节、人物、画面、旋律等自然地流露出来，要使自己的作品做到完美的艺术形式和深刻的思想内涵的结合，成为贴近群众、贴近生活、贴近时代的艺术佳作。

文化馆的服务应该具有文化内涵。文化馆面向社会所提供的公益性文化服务也应该具有文化内涵。所设置的免费开放服务项目应该力求做到新颖、独特、益智、有趣，贴近当地的文化传统，贴近老百姓的文化需求，让人民群众乐于接受、乐于参与。如，举行公益交响乐演出，让人民群众享受高雅艺术；开设市民讲堂、生活美学课堂，提高人民群众的科学文化素质和审美修养；举办歌手大赛、戏曲票友大赛、合唱比赛、器乐大赛、秧歌舞大赛、绝活儿展示、小品曲艺比赛、书画摄影大赛、舞龙舞狮大赛，让人民群众成为舞台的主角。文化馆要通过自己所提供的文化服务，提升人的素质和精神境界，启发和培养人的文化自觉，引导人建立正确的价值观和健康的生活方式，激发广大人民群众的文化创造活力。

文化馆人应该具有文化内涵。文化馆和图书馆、博物馆、美术馆等不同，图书馆、博物馆、美术馆主要是通过图书、文物、艺术展品向社会提供服务，而文化馆主要是靠文化馆人自身直接面对社会，向公众提供文化服务。因此，这就对文化馆人自身的素质提出了更高的要求。文化馆人应该有文化，懂文化，有文化学养、文化内涵，应该是典型的文化人。文化馆人应该熟知自己民族的文化，了解中华文化的多元发生，了解中华文化的生成背景，了解中华文化的独特性，了解中华文化发展的历程，了解中华文化的优秀传统。特别是对地方文化更应该一清二楚，能够如数家珍地道出自己所在地域文化发展的脉络、文化资源的状况以及文化的特质，而且对世界文化也有一定的认识和了解。文化馆人应该具有广博的知识，并且具有一定的专业文化艺术特长。文化馆人应该特别热爱自己的职业，有着高度的文化自觉和文化自信。文化馆人不仅可以为社会提供普及性的文化艺术服务，更可以为社会提供高端的文化艺术服务。文化馆只有具有丰厚的文化内涵，文化馆才会有魅力，文化馆的服务才会有魅力，文化馆在社会上才会有影响，在人民群众的心目中才会有地位。

57. 为什么要建设现代型文化馆？

答：第一，深化文化体制改革要求必须建设现代型文化馆。党的十八届三中全会作出了全面深化改革的决定。全面深化改革的总目标是完善和发展中国特色社会主义制度，推进国家治理体系和治理能力现代化。对于深化文化体制改革，《决定》要求"紧紧围绕建设社会主义核心价值体系、社会主义文化强国深化文化体制改革，加快完善文化管理体制和文化生产经营机制，建立健全现代公共文化服务体系、现代文化市场体系，推动社会主义文化大发展大繁荣"。文化馆是在计划经济时代建立的，在改革开放进行了30多年之后，在深入推进文化体制改革的新形势下，文化馆必须彻底摆脱计划经济时代形成的旧有模式，脱胎换骨，实现由计划经济时代的传统型文化馆向社会主义市场经济时代的现代型文化馆转变。

第二，构建现代公共文化服务体系要求必须建设现代型文化馆。十八届三中全会要求，"构建现代公共文化服务体系。建立公共文化服务体系建设协调机制，统筹服务设施网络建设，促进基本公共文化服务标准化、均等化。建立群众评价和反馈机制，推动文化惠民项目与群众文化需求有效对接。整合基层宣传文化、党员教育、科学普及、体育健身等设施，建设综合性文化服务中心。明确不同文化事业单位功能定位，建立法人治理结构，完善绩效考核机制。推动公共图书馆、博物馆、文化馆、科技馆等组建理事会，吸纳有关方面代表、专业人士、各界群众参与管理。引入竞争机制，推动公共文化服务社会化发展。鼓励社会力量、社会资本参与公共文化服务体系建设，培育文化非营利组织"。现代公共文化服务体系具有鲜明的现代性，要求和体现文化治理现代化、服务目标均等化、供给主体多元化、运行机制民主化、服务体系高效化。文化馆既是构建现代公共文化服务体系的骨干力量，也是现代公共文化服务体系的重要组成部分，必须具备和体现现代公共文化服务体系的特征。而文化馆要担负起构建现代公共文化服务体系的重任，要具备和体现现代公共文化服务体系的特征，就必须实现由计划经济时代的传统型文化馆向社会主义市场经济时代的现代型文化馆转变，建设现代型文化馆。

第三，建设社会主义文化强国要求必须建设现代型文化馆。当今世界正处在大发展大变革大调整时期，世界多极化、经济全球化深入发展，科学技术日新月异，各种思想文化交流交融交锋更加频繁，文化在综合国力竞争中的地位和作用更加凸显，维护国家文化安全任务更加艰巨，增强国家文化软实力、中华文化国际影响力要求更加紧迫。当代中国进入了全面建设小康社会的关键时期和深化改革开放、加快转变经济发展方式的攻坚时期，文化越来越成为民族凝聚力和创造力的重要源泉、越来越成为综合国力竞争的重要因素、越来越成为经济社会发展的重要支撑，丰富精神文化生活越来越成为我国人民的热切愿望。文化建设是中国特色社会主义事业总体布局的重要组成部分。没有文化的积极引领，没有人民精神世界的极大丰富，没有全民族精神力量的充分发挥，一个国家、一个民族不可能屹立于世界民族之林。物质贫乏不是社会主义，精神空虚也不是社会主义。没有社会主义文化繁荣发展，就没有社会主义现代化。中央提出了建设社会主义文化强国的战略目标，要求以建设社会主义核心价值体系为根本任务，以满足人民精神文化需求为出发点和落脚点，以改革创新为动力，发展面向现代化、面向世界、面向未来的，民族的科学的大众的社会主义文化，培养高度的文化自觉和文化自信，提高全民族文明素质，增强国家文化软实力，弘扬中华文化，着力推动社会主义先进文化更加深入人心，推动社会主义精神文明和物质文明全面发展，不断开创全民族文化创造活力持续迸发、社会文化生活更加丰富多彩、人民基本文化权益得到更好保障、人民思想道德素质和科学文化素质全面提高的新局面，建设中华民族共有精神家园。文化馆作为文化建设的重要载体，要推动建设社会主义文化强国，进而推动中华民族走向伟大复兴，实现中国梦，就必须建设现代型文化馆。

58. 现代型文化馆的现代性应体现在哪些方面？

答：现代型文化馆的现代性主要应体现在以下几个方面。一是设施现代。一方面是文化馆建筑的外观要有文化内涵和现代气息，另一方面是文化馆的内部设施和装饰要有文化内涵和现代气息。文化馆房屋建筑包括群众活动用房、业务用房、管理用房和辅助用房。用房的楼层和布局要合理安排。要首先考虑到能够吸引群众到文化馆来，方便群众参与文化馆的活动。在用房的具体安排上，文化馆要有小剧场、多功能厅、非物质文化遗产展示厅、艺术展厅、数字文化馆体验区、视听室、数字资源采集和编辑室、录音棚、摄像室、画室、舞蹈房、排练房、艺术培训教室、非物质文化遗产实物存放间、服装间、器材道具间、阅览室、会议室、文艺团队活动室。文化馆应根据所常设的免费开放服务项目的需要再设置活动空间，同时，文化馆要设立服务窗口。文化馆除了要配备与其职能、功能相匹配的现代化设施设备，内部的装饰、环境布置和项目设置也应该充分体现文化品位和文化内涵，让人于舒适、舒展、温馨、愉悦中感受到一种浓郁的文化艺术气息和现代气息。二是理念现代。理念现代是指现代型文化馆应树立"以人为本、服务为先、效能为要、创新为魂"的建设和发展理念。"以人为本"，就是要坚持广大人民群众在文化建设中的主体地位，做到文化发展为了人民、文化发展依靠人民、文化发展成果由人民共享。要不断实现好、维护好、发展好最广大人民群众的基本文化权益，提高人们的精神生活质量，实现人的全面发展。"服务为先"，就是要把提供优质公共文化服务放在首要位置，一切围绕服务，一切体现服务，一切落实服务。"效能为要"，就是要把服务效能作为衡量文化馆工作的重要标准，要想方设法不断提高文化馆的服务效能。"创新为魂"，就是要坚持不断创新，以创新作为文化馆建设和发展的不竭动力，以文化馆自身服务内容、服务形式、服务手段和工作的不断创新，激发全社会的文化创造活力，推动文化的不断创新。三是体制现代。文化馆应建立法人治理结构，依法独立运作、自我管理和承担职责，在政府与文化馆之间实现政事分开、管办分离，减少政府主管部门对文化馆的微观管理和直接管理。四是管理现代。文化馆的人事管理要从身份管理向岗位管理彻底转变。要完善绩效考核机制，充分激发文化馆从业人员的积极性和主动性。要探索组建理事会，吸纳有关方面代表、专业人士、各界群众参与管理，强化社会公众对文化馆公共文化服务供给及运行的知情权、参与权和监督权，增加文化馆管理与决策的透明度，使文化馆更加开放和民主。文化馆应根据免费开放的需要，制定服务标准和服务规范，建立新的管理机制和运行机制。五是产品现代。文化馆要积极培育和践行社会主义核心价值观。文化馆的一切文化产品、文化服务和文化活动，都要弘扬社会主义核心价值观，传递积极人生追求、高尚思想境界和健康生活情趣。文化馆创作、生产和提供公共文化产品要坚持以人民为中心，要能准确把握和适应社会文化生活的新特点和人民群众的新期待，使公共文化产品做到思想性、艺术性、观赏性有机统一，有思想品格、艺术品位和文化内涵，具有较强的吸引力和感染力。要通过优质公共文化产品培养现代公民、培育现代文化、传播现代价值观，激发全民族的文化创造活力。六是服务现代。文化馆提供公共文化服务的方式、手段现代，能够将固定服务、流动服务、数字化服务有机结合。七是体系现代。文化馆系统是个完整的体系，各级文化馆之间能够形成协作和互动，县、区级文化馆能够建立起总分馆制，使文化馆体系在功能上更具有整体性、系统性、协同性，在资源配置上更科学、更节约、更合理，在产品和服务上更加体现与群众需求的有效对接，具有更高的服务效能。

59. 如何建设充满魅力的现代型文化馆?

答: 重新规范文化馆的职能和任务。关于文化馆的职能和任务,文化部在1992年颁布的《群众艺术馆文化馆管理办法》中作出过规定。但是,随着时代的发展和文化馆事业的进步,特别是公共文化服务体系概念以及建设文化强国目标的提出,20年前对文化馆作出的职能任务的规定已有许多方面明显落后于时代,不符合今天的要求。一个行业要在社会上树立起自己的独特形象,要得到社会各界和人民群众的普遍认同,首先必须对自己的职能作出清晰、准确的定位。对文化馆的职能重新进行定位,必须要放在建设公共文化服务体系和建设文化强国的背景及坐标下考虑,必须要突出文化馆的公益性品格,突出文化馆和其他公益性文化机构相比所独有的不可替代的功能。据此,可将文化馆的职能和任务定位为:以文艺的形式弘扬社会主义核心价值体系;开展公益性文化艺术服务和全民艺术普及工作;辅导培训基层文化人员和文艺骨干;组织开展群众文化活动;组织创作生产和推广群众文艺作品及其他公共文化产品;组织开展相关文化理论研究;保护和利用非物质文化遗产;组织开展文化交流活动等。要对省级、地市级、县级文化馆的职能和任务作明确区分,省级文化馆、地市级文化馆职能要充分体现对下级文化馆业务工作的指导、辅导,县级文化馆的职能要充分体现对乡镇(街道)文化站以及村(社区)文化室业务上的支持和指导。省级文化馆的职能要充分体现龙头和示范作用。

提升文化馆的文化内涵和文化品位。要全面提升文化馆设施、产品、服务、人员的文化内涵,提升文化馆的文化品位,使文化馆真正成为人民群众所向往的接受文化艺术教育的殿堂和开展文化活动的重要场所。文化馆的主要任务是向人民群众提供免费或优惠的基本公共文化服务,但这并不意味着文化馆能力差,水平次,档次低,没有文化艺术的含量和文化艺术的高度。如果是这样,文化馆在社会上就不会有地位,不会有吸引力和影响力,就不可能受到社会的普遍尊重,也就没有存在的价值,也就必然要被淘汰。文化馆所提供的免费或优惠的基本公共文化服务,最低层面是满足人民群众的基本文化需求,而上升一个层面,就是要提高人民群众的文化艺术素质,而再上升一个层面,则是要提升人民群众的精神境界,激发人民群众的文化创造活力。而文化馆在提供普及型的基本公共文化服务外,还应为社会提供提高型的高端的文化服务。要实现最高层面的服务目的,并为社会提供提高型的个性化的高端的文化服务,文化馆就必须具有更高的文化品位和文化艺术高度。文化馆应该有大的文化情怀和文化胸襟,应该具有高度的文化自觉和文化自信,应该自觉地承担起更多和更大的文化责任,应该具有更高的精神境界、更高的文化艺术追求和更强的专业能力,文化馆和文化馆人身上应该散发出更多的文化艺术光彩和文化艺术魅力,这样,文化馆才会不被人轻视和小瞧,才会在人们的心目中真正有地位。

重新塑造与建设文化强国相匹配的现代文化馆。近些年，文化馆事业有了很大发展，但总体而言，文化馆的观念保守、陈旧，设施、设备依然落后，人员队伍业务能力不强，素质不高，创新意识和创新能力较差，文化馆的工作状态、运行机制、管理模式很大程度上依然停留在计划经济时代，和建立健全公共文化服务体系，保障人民群众基本文化权益的要求不相适应，和建设社会主义文化强国的要求不相适应。不少文化馆工作面和工作内容有窄化趋势，通常只是组织开展一些一般性的群众文化活动，搞些文化艺术培训，没有能够全面履行文化馆的职能。还有一些文化馆所提供的产品和服务存在着低端化、单一化、粗陋化、浅薄化问题。文化馆的服务方式目前主要还是依赖于传统手段，在数字化服务方面反应迟缓，在公共数字文化建设，包括数字图书馆的建设突飞猛进的时候，文化馆的数字化服务才刚刚起步，数字文化馆的建设还没有启动。在这种情况下，文化馆的建设不能只是小修小补，而是应该脱胎换骨。文化馆应根据建设公共文化服务体系和建设文化强国的需要，树立新的建设和发展理念，创新免费服务方式和运行管理机制，提升免费服务特别是数字化服务能力和水平，实现由传统文化馆向现代文化馆转型升级，塑造充满文化吸引力和文化艺术魅力的现代型文化馆。

60. 文化馆行业高层次领军人物应具备什么样的条件？

答：文化馆行业的高层次领军人物，起码应具备以下几个条件。

第一，熟悉、了解和热爱文化馆事业，有着高度的文化自觉、强烈的文化责任感和炽热的文化情怀。文化馆的高层次领军人物应对文化馆的来历、发展、特点、趋势、规律、地位和作用等有全面而深透的了解，对公共文化服务体系背景下文化馆的建设和发展有全面的思考和正确的把握，要能够主动地把自己的生命融入到文化馆的事业当中，自觉地担负起引领文化馆事业发展的责任。

第二，具有开阔的文化视野、深厚的文化学养、深刻的文化思考，有超强的创新思维和创新精神。文化馆是公益性文化事业机构，是文化艺术的殿堂。文化馆的高层次领军人物应是在社会上具有一定影响力的文化名人和文化学者，其艺术造诣、理论水平要具有一定的高度，其思想和行为应具有引领性，理论和实践能够不断创新，能够把文化馆事业不断引向新境界。

第三，具有良好的个人素质以及出色的工作能力，德才兼备，德艺双馨。文化馆的领军人物应具有高尚的道德情操和巨大的人格魅力，具有较高的专业素质和出色的工作能力，能够团结、影响和带动文化馆人为繁荣发展文化馆事业积极奋斗，不懈努力。

61. 如何培养和造就文化馆高层次领军人物？

答：一要按照高层次领军人物的要求，选优和配强各级文化馆馆长，特别是省级、副省级和地市级文化馆馆长。馆长是一馆之魂，文化馆馆长的素质、能力、水平、事业心和创新精神如何，直接影响和决定着文化馆的发展以及文化馆所能抵达的高度。理论上说，各级文化馆的馆长应成为所在地区文化馆队伍的领军人物。因此，要造就文化馆高层次领军人物，必须从造就一批优秀的文化馆长入手。要尊重文化馆的专业性。要改变过去一些地方文化主管部门因轻视文化馆而不顾文化馆长的专业要求降低标准随意安排文化馆长的做法。要坚持民主、公开、竞争、择优原则，通过民主推荐、内部竞争、公开招聘等方式，选优配强各级文化馆馆长，特别是省级、副省级、地市级文化馆馆长。

二要实施文化馆领军人才培养工程。文化部可结合"十二五"期间开展的全国基层文化队伍培训工作，根据文化馆造就高层次领军人物的迫切需要，组织实施"文化馆领军人才培养工程"，将文化馆长以及文化馆行业的专业人才纳入工程培养。可举办文化馆高级人才研修班，有针对性地选拔省、市优秀文化馆长和业务功底好、发展潜力大的中青年骨干，汇集优秀师资和培训资源，进行集中强化培训，组织其出国考察、深造。同时，可参照实施"文化名家工程"的做法，每年确定一批文化馆方面的高层次人才培养对象，对他们开展创作研究、参与国际文化交流合作进行资助扶持，助力文化馆高层次领军人物成长。

三要定期或不定期举办"文化馆高层论坛"。通过举办"文化馆高层论坛"，促进文化馆高层次人才之间的相互学习和交流，推进人才向高端化发展。

四要创造有利优秀文化人才脱颖而出的制度环境。

出人才不容易，出领军人才更不容易。各级政府和文化部门要进一步着力营造尊重劳动、尊重知识、尊重人才、尊重创造的良好风气，要真心培养人才、爱护人才、珍惜人才，进一步优化人才队伍成长环境，多提供创业平台，多创造发展机会，促进优秀文化人才向文化馆行业集聚，形成人才辈出、才尽其用的生动局面。要完善人才培养开发、评价发现、选拔任用、流动配置、激励保障机制，为优秀人才脱颖而出、施展才干创造有利制度环境。要尽快设立国家级文化荣誉称号，将文化馆高层次领军人物纳入国家文化荣誉授奖范围，扩大文化馆高层次领军人物的知名度和影响力，为广大文化工作者树立追崇的目标和学习的榜样。

62. 新建文化馆在选址、功能定位、建筑外观设计、功能设置等方面应注意些什么？

答：新建文化馆馆址应尽量选在人口集聚、位置适中、交通便捷、环境及地址条件良好的地方，以便为更多的居民提供便捷的服务，提高文化馆的使用效率。文化馆是公共文化服务机构，也是公共文化活动的空间和场所。文化馆应该成为当地的群众文化活动中心、群众文艺创作演出展览中心、群众文化资源建设和配送中心、群众文化活动策划运作中心、文化研究中心、群众文化辅导中心、公益性数字文化服务中心、社会艺术教育中心、非物质文化遗产展示和保护中心。文化馆的建筑外观应做到传统和现代有机结合，要体现当地的文化特色，艺术地运用当地具有代表性的文化符号和文化元素，使建筑本身既别致又与当地的人文风貌相协调，具有文化内涵和文化韵味。文化馆的功能设置应力求标准和拓展相结合，一般和特色相结合，规范和创新相结合。

63. 公共文化设施是建得越大越好吗？

答：公共文化设施需要有一定的体量，但单体的公共文化设施并非建得越大就越好。因为单体的文化设施即便建得再大，它的服务半径和所覆盖的服务人群终究有限。目前我国公共文化设施与发达国家相比，最大差距不是单体建筑的庞大和宏伟，而是设施的数量。如纽约有图书馆204座、博物馆150座；东京有图书馆194座、博物馆160座；而北京2005年仅有公共图书馆25座，博物馆34座；上海仅有公共图书馆28座，博物馆25座。我们固然需要标志性的大体量的公共文化设施，但我们更需要一定规模一定体量的公共文化设施星罗棋布，能够惠及更多的百姓。

64. 在构建现代公共文化服务体系过程中，为什么要推动公共文化服务社会化发展？

答：第一，推动公共文化服务社会化发展，是为了满足人民群众日益增长的文化需求。现代公共文化服务体系建设要坚持政府主导，但由于人力、财力有限，政府难以完全满足人民群众日益增长的文化需求。鼓励和吸引社会力量参与公共文化服务，推动公共文化服务社会化发展，有利于增加公共文化产品与服务的总量，提高公共文化产品与服务的质量，满足人民群众多样化、差异化的文化需求。

第二，推动公共文化服务社会化发展，是为了提升公共文化服务体系效能。鼓励和吸引社会力量参与公共文化服务，使公共文化服务主体多元化，就会在公共文化服务领域形成市场竞争机制，促进政府、市场、社会竞相提升公共文化产品和服务的质量，从而提升公共文化服务体系的效能。

第三，推动公共文化服务社会化发展，是为了推动形成公共文化治理。鼓励和吸引社会力量参与公共文化服务，使公共文化服务主体多元化，可以增强公共文化服务的发展活力，形成政府主导、多元参与的公共文化治理模式。

65. 如何推动公共文化服务社会化发展？

答：第一，要转变政府职能，推动政府部门由"办文化"向"管文化"转变。理顺政府与市场的关系，推动文化领域政企分开、政事分开和管办分离。

第二，要引入市场竞争机制。培育文化非营利组织。正确处理政府、市场、社会的关系，通过简政放权，进一步发挥市场在文化资源配置中的决定性作用，充分调动各种市场主体和各种社会力量参与公共文化服务的积极性。

第三，要建立健全政府向社会力量购买公共文化服务机制。出台政府购买公共文化服务指导性意见和目录，推广政府购买公共文化服务。

第四，拓宽社会力量参与公共文化服务的渠道。推广运用政府和社会资本合作等模式，促进公共文化服务提供主体和提供方式多元化。鼓励和支持社会力量通过投资或捐助设施设备、兴办实体、资助项目、赞助活动、提供产品和服务等方式参与公共文化服务体系建设。探索通过委托或招投标等方式吸引有实力的社会组织和企业参与公共文化设施的运营。

66. 文化部鼓励和引导民间资本参与公共文化服务体系建设的政策是什么？

答：《文化部关于鼓励和引导民间资本进入文化领域的实施意见》中提出，鼓励民间资本参与公共文化服务体系建设。

第一，鼓励民间资本捐建或捐资助建博物馆、图书馆、文化馆、美术馆等公共文化基础设施，引导和鼓励民间资本通过捐助机构、资助项目、赞助活动、提供设施等形式参与公共文化服务。民间资本捐资助建公益性文化设施，可尊重捐赠者的意见，以适当方式予以褒奖；通过公益性社会团体和县级以上人民政府及其部门捐赠捐助的，可按有关法律法规享受税收优惠政策。

第二，采取政府采购、项目补贴、定向资助、贷款贴息、税收减免等政策措施，引导民间资本投资兴建民间文化馆、图书馆、博物馆、美术馆等文化设施；支持民间资本兴办具有公益性和准公益性特点的读书社、书画社、乡村文艺俱乐部、文化大院、群众文艺团队、社区文化服务组织、民间文艺协会等，直接面向社会公众提供公益文化服务。

第三，逐步建立公共文化服务政府采购制度，支持民营文化企业的产品和服务进入政府公共文化产品和服务采购目录。鼓励民间资本通过招投标等方式，参与基础文化设施建设、公共文化产品创作生产、公益性文化产品和服务供给、重大文化惠民工程、重大公益性文化活动和其他公共文化服务。

67. 在现代公共文化服务体系建设中，为什么要培育和促进文化消费？

答： 第一，培育和促进文化消费，能够激发潜在的文化需求，提高文化消费的层次和水平，进而提高人的素质。现代公共文化服务体系在满足人民群众基本文化需求，保障人民群众基本文化权益的同时，还担负着提高全民族的文化素质、培养现代公民的重任。我国目前的文化消费层次偏低，还处于放松自我、休闲娱乐的初级水平。文化消费不同于衣食住行等生活必需品，不是刚性消费。文化消费是一种潜在需求，需要着力培育才能形成，特别是对于很多经历了很长时期物资匮乏的中国人，还不习惯在文化娱乐上花钱。这就需要大力提升人们的文化消费能力。培育和促进文化消费，能够激发人的文化消费需求，提高文化消费的层次和水平，进而促进人的素质的提高。

第二，培育和促进文化消费，能够推动公共文化服务向优质服务转变，实现标准化和个性化服务的有机统一。培育和促进文化消费，会促使人们的文化需求更加多样化、个性化、高端化。公共文化服务以人们的需求为导向。为了满足人民群众日益增长的精神文化需求，公共文化服务的水准也必然地要随之提高，向优质服务、特色服务、精准服务转变，实现标准化服务和个性化服务的有机统一。

第三，培育和促进文化消费，有助于推动文化事业和文化产业协调发展。文化事业和文化产业双轮驱动是我国文化建设的发展思路。现代公共文化服务体系属于文化事业范畴。公共文化服务一方面借助文化市场提供的产品满足人们的基本文化需求，另一方面，通过培育和促进文化消费，也不断提升着人们的文化需求和文化消费能力，为文化市场培育更多的消费者。这就必然会促进文化产业不断发展，推动文化事业和文化产业协调发展，良性互动。

68. 如何理解公共文化服务免费提供和优惠服务？

答：公共文化服务包括免费服务和优惠服务。免费服务是政府全资提供的无差别式服务，其目的在于满足人民群众共性化的基本文化需求。优惠服务是政府补贴提供的差异化的公共文化服务，其目的在于满足人民群众个性化的基本文化需求。公共文化服务体系不仅要考虑公众共性化的基本文化需求，还要考虑公众多样化的文化需求；不仅要考虑标准化服务，还要考虑个性化服务。免费服务和优惠服务应该根据群众需求合理配置和提供，二者都要最大限度地吸引公众参与，便于公众选择，激发公众的积极性。

69.如何看待文化事业与文化产业的关系？

答：文化事业和文化产业之间是相互依托、相互包容、相互促进、相辅相成的关系。公共文化服务是文化产业发展的基础，文化产业发展可以推动、提升公共文化服务。公共文化服务体系主要是满足人民群众基本文化需求，保障人民群众基本文化权益。文化产业则是激发文化消费，满足人民群众更高层次的文化需求。公共文化服务体系涵养文化产业，并为文化产业的发展提供支撑，文化产业的发展则又反哺和提升公共文化服务体系。公共文化产品和服务一旦进入市场，就会成为文化产业的内容。而市场提供的文化产品与服务一旦被政府购买，又会进入公共文化服务领域。公共文化服务体系建设和文化产业发展是一种相互联系、不可偏废、良性互动的关系。

70.如何培育和规范文化类社会组织？

答：文化类社会组织具有非营利性、专业性等特点，是公共文化的治理主体之一，也是公共文化服务的重要提供主体。一要积极培育文化类社会组织。宣传普及文化类社会组织的理念、功能、价值，为文化类社会组织的成立提供指导和帮助。简化文化类社会组织登记手续，直接向民政部门申请登记。在财税支持、队伍培训、人员职称评定等方面，对文化类社会组织实行与公益性事业单位同等待遇。二要加强对文化类社会组织的管理。制定完善关于文化类社会组织的规章，明确功能定位。鼓励各类公共文化服务机构成立行业协会，发挥其在行业自律、行业管理、行业交流等方面的重要作用。加强政府管理和社会监督，严格执行社会组织年检制度和信息公开制度，开展运营绩效评估和社会信用评估，实现文化类社会组织依法管理、依法运营。三要促进文化类社会组织发展。加快推进文化行业协会与行政机关脱钩，将适合由社会组织提供的公共文化服务事项交由社会组织承担。引导文化类社会组织依法依规开展公共文化服务。加大政府向文化类社会组织购买服务力度，政府管理的公共文化资金、资源、项目向文化类社会组织开放，促进文化类社会组织提升自身实力和服务能力。

71. 如何发挥文化类社会组织在公共文化服务中的作用？

答：文化类社会组织包括文化类行业协会、基金会、民办非企业单位等社会组织。文化类社会组织参与公共文化服务建设，有助于丰富公共文化产品和服务供给，提高公共文化服务的水平。

发挥文化类社会组织在公共文化服务中的作用，重点要做好以下工作：

一是支持各类公共文化服务机构成立文化类行业协会。通过成立文化类行业协会，发挥其在行业自律、行业管理、行业交流等方面的重要作用。

二是实行政事分开和管办分离。加快推进文化行业协会与行政机关脱钩，将适合由社会组织提供的公共文化服务事项交由社会组织承担。

三是加大政府向文化类社会组织购买服务力度。各级政府管理的资金、资源、项目也要向文化类社会组织开放，给文化类社会组织与公益性文化事业单位平等的竞争主体地位，培育文化类社会组织的造血机制，使其具有可持续发展能力。

四是加强规范和管理。制定完善关于文化类社会组织的规章，明确功能定位。加强政府管理和社会监督，严格执行社会组织年检制度和信息公开制度，开展运营绩效评估和社会信用评估，实现依法管理、依法运营，促进文化类社会组织规范有序运行和发展。

72. 为什么要成立中国文化馆协会？

答： 第一，成立中国文化馆协会，有利于促进文化行政管理体制改革，推动政府职能转换。十七届六中全会《决定》要求深化文化行政管理体制改革，加快政府职能转变，推动政企分开、政事分开，理顺政府和文化企事业单位的关系。"十八大"报告从"五位一体"的高度阐述了加快推进社会体制改革的重要性，要求加快形成党委领导、政府负责、社会协同、公众参与、法治保障的社会管理体制；加快形成政社分开、权责明确、依法自治的现代社会组织体制。2012年8月，国务院常务会议在研究行政审批制度改革时也强调，要加快推进事业单位改革和社会组织管理改革。把适合事业单位和社会组织承担的事务性工作和管理服务事项，通过委托、招标、合同外包等方式交给事业单位或社会组织承担。在当前形势下，文化部决定成立中国文化馆协会，是贯彻落实中央有关部署、探索政府职能转变的重要举措。

第二，成立中国文化馆协会，有利于凝聚和整合全国文化馆（站）的力量，发挥文化馆（站）在公共文化服务中的龙头作用，推进社会主义核心价值体系建设。十七届六中全会《决定》指出，"一些地方和单位对文化建设重要性、必要性、紧迫性认识不够，文化在推动全民族文明素质提高中的作用亟待加强；一些领域道德失范、诚信缺失，一些社会成员人生观、价值观扭曲，用社会主义核心价值体系引领社会思潮更为紧迫，巩固全党全国各族人民团结奋斗的共同思想道德基础任务繁重"，在这个时期，公共文化机构理应承担起引领风尚、教育人民、引导社会的重要使命。在所有公共文化机构中，文化馆（站）在这方面具有其他机构无法比拟的优势。

第三，成立中国文化馆协会，有利于凝聚各方力量，全面系统地开展理论研究与学科建设，构建有中国特色的文化馆（站）理论体系和学科体系。文化馆行业已有百年历史，数量虽然达到近5万个，从业人员近15万，但是长期以来由于缺乏学科支撑，工作基本上是"摸着石头过河"，尚未形成明晰的职业理念、职业伦理、服务标准、发展愿景，尚未形成理论研究与实践创新紧密结合的事业发展氛围。成立中国文化馆协会，有利于整合国内相关领域的研究力量，推动理论与实践的紧密结合，形成事业建设和发展的专业指导力量，促进事业的科学、持续发展，有利于建设行业统一的职业理念、职业伦理、职业规范、职业诉求，形成行业纽带和桥梁，强化行业自律，维护行业利益。

第四，成立中国文化馆协会，有利于在国际舞台上展现中国文化馆（站）的整体实力和整体形象，促进国际交流，扩大中华文化的国际影响。在国际舞台上，目前，中国图书馆学会代表图书馆行业参与国际图书馆联合会活动，中国博物馆协会代表博物馆行业在国际博物馆协会中占据重要地位，作为数量和从业人员居各个公共文化机构之首的文化馆（站），在国际上却缺乏代表中国文化馆（站）行业的权威性民间组织。成立中国文化馆协会，可以向世界展示中国文化馆（站）的整体实力和整体形象，促进国际文化交流。

73. 中国文化馆协会的性质和业务范围是什么？

答：中国文化馆协会是由文化馆（站）、群众艺术馆、文化活动中心、与文化馆（站）相关的企事业单位、社会组织及个人组成的全国性、行业性、非营利性社会组织。

中国文化馆协会的业务范围是：①受政府有关部门委托，经批准，组织制定文化馆行业发展规划、评估定级标准和专业技术资格认定标准，开展文化馆（站）评估定级，参与组织专业技术资格认定；加强行业自律，建立健全行业规则、标准和服务规范。②促进文化馆（站）在宣传教育、群众文艺创作、艺术培训、群众文化理论研究、职业继续教育、民族民间文化保护以及公共数字文化惠民服务方面发挥引导性作用。③组织文化馆（站）开展专业交流、业务培训和研讨活动；依照有关规定，经批准，开展文化馆行业的表彰奖励活动。④协调会员关系，维护会员的合法权益，建立文化馆行业与政府有关部门的沟通渠道，发挥桥梁与纽带作用；促进文化馆行业与相关社会组织的联系、交流与合作，为文化馆（站）建设发展搭建平台。⑤开展文化馆相关领域的基础和应用学科研究，组织新技术、新标准的推广；开展相关调查研究，为国家相关法律、法规和政策的制定提供参考咨询服务；依照有关规定，编辑、出版、发行文化馆行业相关的信息资料和文献。⑥组织开展文化馆领域对外文化、学术交流活动，促进国际合作。⑦承办政府有关部门委托的工作以及其他与本会宗旨有关的事宜。

74. 自愿服务的特征是什么？

答：2000年，联合国召开了志愿服务和社会发展专家工作组会议，这次大会提出了志愿服务的五个核心特征：①非获利性：志愿者不以获取经济收益为目标而参与任何活动；②自愿性：志愿者应出于内心意愿参加所有活动；③有益性：志愿者参与的活动必须对除志愿者本人以外的个人或整个社会产生直接效益；④行业化：人们不断认识到非正式志愿服务如一对一服务的重要性和正式志愿服务如机构服务的重要性；⑤承诺水平的多层次化：以前从事志愿服务的承诺有一定的持续有效性，不过就现在来看，从事志愿服务的承诺水平有高有低。

75. 文化志愿者的定义是什么？

答：文化志愿者是自愿参加相关团体组织，或接受相关团体和组织的领导，在自身条件许可的情况下，在不谋求任何物质、金钱及相关利益回报的前提下，合理运用社会现有的资源，志愿奉献个人可以奉献的东西，为帮助有一定需要的人士，开展力所能及的、切合实际的，具有一定专业性、技能性、长期性文化服务活动的人。

76. 发展文化自愿者队伍的社会基础是什么？

答：近年来，文化志愿者的身影在各种文化场合越来越活跃。文化志愿者的出现绝非偶然，有其特定的经济社会和文化背景。其一，经过改革开放30多年的发展，我国社会已总体进入小康阶段，生活的富裕为人们从事文化志愿服务提供了物质基础；其二，文化的大发展大繁荣，特别是近年兴起的公共文化服务体系建设，为文化志愿者从事文化志愿服务提供了广阔的平台；其三，近年来，志愿理念的普及、志愿精神的弘扬、志愿者事迹的传播，为人们加入文化自愿者行列，从事文化志愿服务营造了良好的社会氛围；其四，国民科学文化素质的普遍提高，使越来越多的人具备了从事文化志愿服务的自身条件，为其加入文化志愿者行列提供了可能；其五，社会观念的进步，对文化的崇尚，以及文化既娱我又娱人的特殊功能，使越来越多的人把从事文化志愿服务作为自己融入社会，服务他人，满足自己，丰富生活，实现人生价值的重要途径。总之，文化志愿者的出现是我国经济社会发展到当下历史阶段的结果，它既反映了社会的进步与需要，也反映了文化志愿者自身的需要，彰显了进入小康社会的人们更加注重精神文化生活的美好诉求和时代特点。而这些，正是我们发展文化自愿者队伍重要的社会基础。

77. 建立文化志愿者队伍对于建设公共文化服务体系具有怎样的重要意义和作用？

答：第一，文化志愿者的出现从一个特殊角度证明了建设公共文化服务体系的必要。文化志愿者有着双重身份，一方面，他们参与公共文化服务，是公共文化服务的提供者；另一方面，他们获得了参与公共文化服务的机会，从参与公共文化服务中获得了自身精神上的满足，也是公共文化的享有者。文化志愿者在参与公共文化服务的过程中实现了自己的文化参与权和文化享有权。文化志愿者从一个特殊的角度反映了人民群众对发展公共文化以及建设公共文化服务体系的愿望和诉求，证明了国家建设公共文化服务体系的必要。

第二，文化志愿者是公共文化人才队伍的重要组成部分。公共文化服务体系的构成要素之一就是公共文化人才队伍。公共文化是人民群众共建、共创、共享的文化，公共文化人才队伍包括公共文化事业机构从业人员，同时，也理所当然地包括文化志愿者。

第三，文化志愿者是建设公共文化服务体系的重要力量。建设公共文化服务体系，关键在于为人民群众提供优质、丰富、多样的公共文化产品和公共文化服务，满足人民群众日益增长的精神文化需求。要满足人民群众不断增长的文化需求，提高全民族的科学文化素质，单靠公益性文化机构的从业人员是远远不够的。必须有更多的人参与。文化志愿者以自己的知识、能力和才华，参与着管理公共文化设施，生产公共文化产品，提供文化咨询、文艺辅导，策划、组织群众文化活动，开展非物质文化遗产保护等。他们是建设公共文化服务体系的重要力量，在实际工作中起着重要作用。

78. 开展基层文化志愿服务活动的意义是什么？

答： 文化志愿服务是志愿服务工作的重要组成部分，是繁荣发展城乡基层文化的有效途径。广泛开展文化志愿服务活动，组织动员专业文化工作者和社会各界人士志愿参与基层文化建设和群众文化活动，有利于引导人们在服务他人、奉献社会过程中践行道德规范、提升道德境界，促进社会主义核心价值体系建设；有利于推动群众性文化活动广泛深入开展，丰富人们精神文化生活，满足人们精神文化需求,保障人民基本文化权益;有利于充分发挥人民群众文化创造积极性,让蕴藏于人民中的文化创造活力得到充分发挥;有利于吸引优秀文化人才服务基层,壮大基层文化人才队伍,为社会主义文化大发展大繁荣提供人才支撑。

79. 开展基层文化志愿服务活动的指导思想是什么?

答:以邓小平理论、"三个代表"重要思想和科学发展观为指导,牢牢把握社会主义先进文化前进方向,以社会主义核心价值体系建设为根本,以满足人民日益增长的精神文化需求为目标,贴近实际、贴近生活、贴近群众,大力弘扬学习雷锋、奉献他人、提升自己的志愿服务理念,广泛开展群众乐于参与、便于参与的文化志愿服务活动,不断壮大文化志愿者队伍,努力构建参与广泛、形式多样、活动经常、机制健全的文化志愿服务体系,推动公共文化服务体系建设,促进社会主义文化大发展大繁荣。

80. 开展基层文化志愿服务活动的基本原则是什么?

答:坚持以人为本、服务群众,把公益性放在首位;坚持志愿服务与政府服务、市场服务相衔接,有针对性地设计项目、开展活动,量力而行、尽力而为;坚持志愿服务与实现个人发展相统一,让人们在参与文化志愿服务的过程中经受锻炼、增长才干;坚持自愿参与和社会倡导相结合，既尊重人们的服务意愿，鼓励人们自主参与，又强调公民的社会责任，进行适当的组织动员，努力扩大基层文化志愿服务活动的覆盖面，增强基层文化志愿服务活动的影响力。

81. 如何大力推进文化志愿服务？

答： 一是将文化志愿服务作为志愿服务的重要内容，纳入国家志愿服务体系。大力弘扬志愿服务精神，坚持志愿服务与政府服务、市场服务相衔接，奉献社会与自我发展相统一，社会倡导和自愿参与相结合，构建参与广泛、内容丰富、形式多样、机制健全的文化志愿服务体系。

二是完善机制，加强文化志愿者队伍建设。完善文化志愿者注册招募、培训管理、服务记录和激励保障机制。动员组织专家学者、艺术家、优秀运动员等社会知名人士参加志愿服务，提高社会影响力。加强对文化志愿队伍的培训，提升文化志愿者的服务意识、服务能力和服务水平。

三是创新服务内容、工作方式和活动载体，探索具有地方或行业特色的文化志愿服务模式。建立"结对子、种文化"工作机制，推动专业艺术院团、体育运动队和艺术体育院校等到基层教、学、帮、带，建立志愿服务下基层制度。

82. 如何推进文化志愿服务制度化？

答：党的十七届六中全会将文化志愿者纳入加强基层文化队伍建设的重要内容，明确提出要"壮大文化志愿者队伍，鼓励专业文化工作者和社会各界人士参与基层文化建设和群众文化活动"。2012年，文化部与中央文明办联合出台了《关于广泛开展基层文化志愿服务活动的意见》，第一次对加强基层文化志愿者队伍建设作出了全面部署，这也标志着我国文化志愿服务开始进入规范化推进的新阶段。2014年2月，中央精神文明建设指导委员会印发《关于推进志愿服务制度化的意见》，加快了我国志愿服务的制度化、长效化、常态化的步伐。

推进我国文化志愿服务制度化，应加强以下几方面工作：

一是宣传推动。志愿服务是美好的道德行为和重要的道德实践。要大力弘扬志愿服务文化，大力弘扬"奉献、友爱、互助、进步"的志愿精神，广泛普及服务他人、奉献社会的志愿服务理念，培育全社会志愿服务文化自觉，使讲道德、尊道德、守道德成为人们基本生活方式；要发挥新闻媒体传播社会主流价值的主渠道作用，发挥精神文化产品育人化人的重要功能，积极营造有利于志愿服务的舆论文化环境。

二是组织推动。切实加强文化志愿服务领导。各级党委、政府要把文化志愿服务融入公共文化治理，作为构建现代公共文化服务体系的重要任务，摆上重要议事日程，切实抓紧抓好。各级文化部门要加强总体规划、制定相关政策措施，推动文化志愿服务制度化发展。各级各类公共文化机构要发挥自身优势，各负其责、密切配合，搭建拓宽文化志愿服务平台，依托公益性文化设施、依托重点文化惠民工程、依托重要节日纪念日、依托内地对边疆民族地区对口支援工作，在城乡基层广泛开展文化志愿服务活动，形成共同推进志愿服务制度化的良好局面。

三是制度推动。规范文化志愿者招募注册，加强文化志愿者培训管理，建立文化志愿服务记录制度，健全文化志愿服务激励机制，完善政策和法律保障；建立完善文化志愿服务长效工作机制和活动运行机制，积极构建中国特色文化志愿服务制度，推动文化志愿服务活动广泛深入持久开展。

83. 如何提高文化志愿者队伍的专业性和社会影响力？

答：广泛深入地开展基层文化志愿服务活动，需要一支素质优良、专业性程度高的文化志愿者队伍。要提高文化志愿者队伍的专业性和社会影响力，应做好以下两方面工作。

一是加强文化志愿者培训管理。将文化志愿者培训纳入基层文化队伍培训范围，对文化志愿者进行相关知识和技能培训，提高服务意识、服务能力和服务水平。要坚持培训与服务并重的原则，由文化部门、文化志愿服务组织、公益慈善类组织、社会服务机构等，根据文化志愿服务项目的要求，通过集中辅导、座谈交流、案例分析等方式，对文化志愿者进行相关知识和技能培训，提高服务意识、服务能力和服务水平。

二是动员素质高的专业人士加入文化志愿者队伍。动员组织专家学者、艺术家、优秀运动员等社会知名人士以及专业艺术院团、体育运动队和艺术体育院校参加文化志愿服务，提高社会影响力。

84. 社会力量参与公共文化服务主要有哪些渠道？

答：社会力量参与公共文化服务的渠道主要有：一是参与政府购买公共文化服务。社会力量可根据政府购买公共文化服务指导性目录，参与市场竞争。二是和政府进行资本合作。社会力量可以通过投资或捐助设施设备、兴办实体、资助项目、赞助活动、提供产品和服务等方式参与公共文化服务体系建设。三是参与公共文化设施运营。社会力量可通过委托或招投标等方式参与公共文化设施的运营。

85. 政府在提供公共文化产品和服务时可以引入哪些市场化方式？

答：政府在提供部分公共文化产品和服务时，可以引入政府采购、项目补贴、定向资助、特许经营、管理外包等市场化方式来运作，从而逐步建立起政府主导、市场引导、社会充分参与的基本公共服务供给机制。

86. 什么是政府购买公共服务？

答：政府购买公共服务，是将公共财政支出范围内的公共服务"外包"给社会主体，以契约形式来完成服务提供。这种政府"合同"、"外包"公共服务的方式，在国际上大规模兴起于20世纪80年代后，目前已经开展得较为普遍。

87. 如何认识政府向社会力量购买公共服务的重要性？

答：改革开放以来，我国公共服务体系和制度建设不断推进，公共服务提供主体和提供方式逐步多样化，初步形成了政府主导、社会参与、公办民办并举的公共服务供给模式。同时，与人民群众日益增长的公共服务需求相比，不少领域的公共服务存在质量效率不高、规模不足和发展不平衡等突出问题，迫切需要政府进一步强化公共服务职能，创新公共服务供给模式，有效动员社会力量，构建多层次、多方式的公共服务供给体系，提供更加方便、快捷、优质、高效的公共服务。政府向社会力量购买服务，就是通过发挥市场机制作用，把政府直接向社会公众提供的一部分公共服务事项，按照一定的方式和程序，交由具备条件的社会力量承担，并由政府根据服务数量和质量向其支付费用。近年来，一些地方立足实际，积极开展向社会力量购买服务的探索，取得了良好效果，在政策指导、经费保障、工作机制等方面积累了不少好的做法和经验。实践证明，推行政府向社会力量购买服务是创新公共服务提供方式、加快服务业发展、引导有效需求的重要途径,对于深化社会领域改革,推动政府职能转变,整合利用社会资源,增强公众参与意识,激发经济社会活力,增加公共服务供给,提高公共服务水平和效率,具有重要意义。

88. 为什么要大力推广政府购买服务?

答: 第一,推广政府购买服务是加快转变政府职能、提高国家治理能力的必然要求。政府购买服务强调政府、市场、社会等多元主体之间的合理定位和良性互动,鼓励和引导社会力量进入公共事业领域,有利于改变政府大包大揽的传统做法,促进政府自身运作方式的改革,提高政府管理和服务社会效率;有利于形成公共服务提供主体多元化格局,有效发挥社会力量在提供公共服务、改善社会治理方面的作用,激发整个社会的活力和创造力。

第二,推广政府购买服务是提高公共服务供给水平和效率、建设服务型政府的重要途径。随着我国经济、社会的发展,人民群众生活水平不断提高,人们对公共服务的需求不断增加,对服务质量的要求也在不断提高。政府购买服务通过发挥市场机制作用,可以更好地满足新形势下公共服务多样化、个性化、专业化需求,可以有效发挥财政资金的杠杆作用,吸引更多的社会力量参与提供公共服务,形成公共服务发展新机制,有力地促进我国服务业开放,吸纳更多社会就业。

89. 为什么要推进政府向社会力量购买公共文化服务？

答： 党的十八届三中全会提出，要完善文化管理体制，推动公共文化服务社会化发展。十八届四中全会提出，要深入推进依法行政，加快建设法治政府，依法加强和规范公共服务，规范和引导各类社会组织健康发展。2014年《政府工作报告》对深化文化体制改革、逐步推进基本公共文化服务标准化均等化作出明确部署。政府向社会力量购买公共文化服务，既是深入推进依法行政、转变政府职能、建设服务型政府的重要环节，也是规范和引导社会组织健康发展、推动公共文化服务社会化发展的重要途径，对于进一步深化文化体制改革，丰富公共文化服务供给，提高公共文化服务效能，满足人民群众精神文化和体育健身需求具有重要意义。

90. 国外政府购买公共服务的主要形式有哪几种？

答： 国外政府购买公共服务的主要形式有三种。一是合同承包。合同承包是国外政府购买公共服务的最主要形式。其主要做法就是把政府的公共产品的生产权和提供权转让给私营部门。政府确定某种公共服务的数量和质量标准后，公开向私营部门招标，中标的承包商和政府签订供给合同，并在合同许可的范围内自由配置资源。

二是凭单制。凭单制主要是对合格的公共服务消费者提供补贴。凭单制被西方发达国家广泛应用于食品、房屋、教育、医疗、保健及运输等公共服务领域。这种方式可以让公共服务的消费者有更多自由选择权,形成透明的公共服务竞争机制。

三是政府补助。政府通过提供补助引导私营部门从事公共服务。政府补助与合同承包的区别在于,补助通常只涉及最一般化的要求,如提供公共交通服务、建造住宅并以低于市场的价格出租等;而合同承包通过合同反映政府的全面要求,政府的合同尽可能地细化,并且作为绩效评估的依据。

91. 政府向社会力量购买公共文化服务的首要条件是什么?

答:政府向社会力量购买公共文化服务的首要条件是提供资金保障。政府应将向社会力量购买公共文化服务所需资金列入财政预算,从部门预算经费或经批准的专项资金等既有预算中统筹安排。逐步加大现有财政资金向社会力量购买公共文化服务的投入力度。对新增的公共文化服务内容,凡适于以购买服务实现的,原则上都要通过政府购买服务方式实施。

92. 政府向社会力量购买公共文化服务的基本原则和目标任务是什么?

答:政府向社会力量购买公共文化服务的基本原则是:①坚持正确导向,发挥引领作用。以人民为中心,坚持社会主义先进文化前进方向，将政府向社会力量购买的公共文化服务与培育践行社会主义核心价值观相结合、与传承弘扬中华优秀传统文化相融合，发挥文化引领风尚、教育人民、服务社会、推动发展的作用。②明确政府主导，完善政策体系。加强对政府向社会力量购买公共文化服务工作的组织领导、政策支持、财政投入和监督管理，按照相关法律法规要求，坚持与文化、体育事业单位改革相衔接，坚持与完善文化、体育管理体制相衔接，制定中央与地方协同配套、操作性强的政府向社会力量购买公共文化服务政策体系和管理规范。③培育市场主体，丰富服务供给。进一步发挥市场在文化资源配置中的积极作用，推进政府向社会力量购买公共文化服务与培育社会化公共文化服务力量相结合，规范和引导社会组织健康发展，逐步构建多层次、多方式的公共文化服务供给体系。④立足群众需求，创新购买方式。以满足人民群众基本公共文化需求为目标，突出公共性和公益性，不断创新政府向社会力量购买公共文化服务模式，建立"自下而上、以需定供"的互动式、菜单式服务方式，推动公共文化服务供给与人民群众文化需求有效对接。⑤规范管理程序，注重服务实效。按照公开、公平、公正原则，建立健全政府向社会力量购买公共文化服务的工作机制，规范购买流程，稳步有序开展工作。坚持风险和责任对等原则，规范政府和社会力量合作关系，严格价格管理。加强绩效管理，完善群众评价和反馈机制，切实提高政府向社会力量购买公共文化服务的针对性和有效性。

政府向社会力量购买公共文化服务的目标任务是：到 2020 年，在全国基本建立比较完善的政府向社会力量购买公共文化服务体系，形成与经济社会发展水平相适应、与人民群众精神文化和体育健身需求相符合的公共文化资源配置机制和供给机制，社会力量参与和提供公共文化服务的氛围更加浓厚，公共文化服务内容日益丰富，公共文化服务质量和效率显著提高。

93. 政府向社会力量购买公共文化服务的内容主要有哪些？

答：政府向社会力量购买公共文化服务的内容主要有以下五类。

第一类是公益性文化体育产品的创作与传播。包括：①公益性舞台艺术作品的创作、演出与宣传；②公益性广播影视作品的制作与宣传；③公益性出版物的编辑、印刷、复制与发行；④公益性数字文化产品的制作与传播；⑤公益性广告的制作与传播；⑥公益性少数民族文化产品的创作、译制与传播；⑦全民健身和公益性运动训练竞赛的宣传与推广；⑧面向特殊群体的公益性文化体育产品的创作与传播；⑨其他公益性文化体育产品的创作与传播。

第二类是公益性文化体育活动的组织与承办。包括：①公益性文化艺术活动（含戏曲）的组织与承办；②公益性电影放映活动的组织与承办；③全民阅读活动的组织与承办；④公益性文化艺术培训（含讲座）的组织与承办；⑤公益性体育竞赛活动的组织与承办；⑥全民健身活动的组织与承办；⑦公益性体育培训、健身指导、国民体质监测与体育锻炼标准测验达标活动的组织与承办；⑧公益性青少年体育活动的组织与承办；⑨面向特殊群体的公益性文化体育活动的组织与承办；⑩其他公益性文化体育活动的组织与承办。

第三类是中华优秀传统文化与民族民间传统体育的保护、传承与展示。包括：①文化遗产保护、传承与展示；②优秀民间文化艺术的普及推广与交流展示；③民族民间传统体育项目的保护、传承与展示；④其他优秀传统文化和传统体育的保护、传承与展示。

第四类是公共文化体育设施的运营和管理。包括：①公共图书馆（室）、文化馆（站）、村（社区）综合文化服务中心（含农家书屋）等运营和管理；②公共美术馆、博物馆等运营和管理；③公共剧场（院）等运营和管理；④广播电视村村通、户户通等接收设备的维修维护；⑤公共电子阅览室、数字农家书屋等公共数字文化设施的运营和管理；⑥面向特殊群体提供的有线电视免费或低收费服务；⑦公共体育设施、户外营地的运营和管理；⑧公共体育健身器材的维修维护和监管；⑨其他公共文化体育设施的运营和管理。

第五类是民办文化体育机构提供的免费或低收费服务。包括：①民办图书馆、美术馆、博物馆等面向社会提供的免费或低收费服务；②民办演艺机构面向社会提供的免费或低票价演出；③互联网上网服务场所面向社会提供的免费或低收费上网服务；④民办农村（社区）

文化服务中心（含书屋）面向社会提供的免费或低收费服务；⑤民办体育场馆设施、民办健身机构面向社会提供的免费或低收费服务；⑥其他民办文化体育机构面向社会提供的免费或低收费服务。

94. 政府向社会力量购买公共文化服务的主体是什么？

答：政府向社会力量购买公共文化服务的主体是承担提供公共文化与体育服务的各级行政机关。纳入行政编制管理且经费由财政负担的文化与体育群团组织，也可根据实际需要，通过购买服务方式提供公共文化服务。

95. 承接政府向社会力量购买公共文化服务的主体是什么？

答：承接政府向社会力量购买公共文化服务的主体主要为具备提供公共文化服务能力，且依法在登记管理部门登记或经国务院批准免予登记的社会组织和符合条件的事业单位，以及依法在工商管理或行业主管部门登记成立的企业、机构等社会力量。各地要结合本地实际和拟购买公共文化服务的内容、特点，明确具体条件，秉持公开、公平、公正的遴选原则，科学选定承接主体。

96. 政府购买公共文化产品和服务应注意什么？

答：政府要做一个精明和负责任的买家。第一，作为公共文化服务的安排者，政府要非常确切地知道公民到底需要什么，从而为公民获得真正想要的东西；第二，政府要能够清楚地判断不同卖家所提供的文化产品的质量，从而通过竞争性市场不断获得更好的东西；第三，政府要做一个谨慎的购买者，从而避免公共资源的浪费和低效率使用；第四，政府要做一位聪明睿智的评价者和反馈者，从而引导生产者不断改进其文化产品和服务。

97. 如何建立和完善政府向社会力量购买公共文化服务机制？

答：各地要建立健全方式灵活、程序规范、标准明确、结果评价、动态调整的购买机制。

第一，规范购买流程。结合公共文化服务的具体内容、特点和地方实际，按照政府采购有关规定，采用公开招标、邀请招标、竞争性谈判、竞争性磋商、单一来源等方式确定承接主体，采取购买、委托、租赁、特许经营、战略合作等各种合同方式。建立以项目选定、信息发布、组织采购、项目监管、绩效评价为主要内容的规范化购买流程。

第二，制定考核标准。根据所购买公共文化服务特点，分类制定内容明确、操作性强、便于考核的公共文化服务标准，方便承接主体掌握，便于购买主体监管。

第三，加强过程监管和成果验收。加强对服务提供全过程的跟踪监管和对服务成果的检查验收，检查验收结果应结合服务对象满意度调查，作为付款的重要依据。

建立购买价格或财政补贴的动态调整机制，根据承接主体服务内容和质量，合理确定价格，避免获取暴利。

98. 如何建立健全政府向社会力量购买公共文化服务监管机制？

答：第一，建立监管体系。加强对政府向社会力量购买公共文化服务的监督管理，建立健全政府购买的法律监督、行政监督、审计监督、纪检监督、社会监督、舆论监督制度，完善事前、事中和事后监管体系，严格遵守相关财政财务管理规定，确保购买行为公开透明、规范有效，坚决遏制和预防腐败现象。

第二，各负其责。财政部门要加强对政府向社会力量购买公共文化服务资金的监管，监察、审计等部门要加强监督，文化、新闻出版广电、体育部门要按照职能分工将承接政府购买服务行为纳入监管体系。

第三，严格履行合同。购买主体与承接主体应按照权责明确、规范高效的原则签订合同，严格遵照合同约定，避免出现行政干预行为。购买主体应建立健全内部监督管理制度，按规定公开购买服务的相关信息，自觉接受审计监督、社会监督和舆论监督。承接主体应主动接受购买主体的监管，健全财务报告制度，严格按照服务合同履行服务任务，保证服务数量、质量和效果，严禁服务转包行为。

第四，加强绩效评价。健全由购买主体、公共文化服务对象以及第三方共同参与的综合评审机制；加强对购买公共文化服务项目的绩效评价，建立长效跟踪机制。在绩效评价体系中，要侧重服务对象对公共文化服务的满意度评价。政府向社会力量购买公共文化服务的绩效评价结果要向社会公布，并作为以后年度编制政府向社会力量购买公共文化服务预算和选择政府向社会力量购买公共文化服务承接主体的重要参考依据。

99. 如何营造政府向社会力量购买公共文化服务的良好环境？

答：第一，加强组织领导。政府向社会力量购买公共文化服务，是保障和改善民生的一项重要工作，事关人民群众切身利益，也是进一步转变政府职能、创新文化与体育管理方式的重要抓手。各地要高度重视，切实加强组织领导，建立健全政府统一领导，文化、财政、新闻出版广电、体育部门负责，社会力量广泛参与的工作机制，逐步使政府向社会力量购买公共文化服务工作制度化、规范化和科学化。

第二，强化沟通协调。各地要建立健全政府向社会力量购买公共文化服务的协调机制，文化、财政、新闻出版广电、体育部门要密切配合，注重协调沟通，整合资源，共同研究政府向社会力量购买公共文化服务有关重要事项，及时发现和解决工作中出现的问题，统筹推进政府向社会力量购买公共文化服务工作。

第三，注重宣传引导。各地要充分利用各种媒体，广泛宣传实施政府向社会力量购买公共文化服务工作的重要意义、主要内容、政策措施和流程安排,精心做好政策解读,加强正面舆论引导,主动回应社会关切,充分调动社会参与的积极性,为推进政府向社会力量购买公共文化服务营造良好的工作环境和舆论氛围。

第四,严格监督管理。建立政府向社会力量购买公共文化服务信用档案。对在购买服务实施过程中,发现承接主体不符合资质要求、歪曲服务主旨、弄虚作假、冒领财政资金等违法违规行为的,记入信用档案,并按照相关法律法规进行处罚,对造成社会重大恶劣影响的,禁止再次参与政府购买公共文化服务工作。

100. 如何发挥公益性文化事业单位在构建现代公共文化服务体系中的骨干作用?

答: 发挥公益性文化事业单位在构建现代公共文化服务体系中的骨干作用,要从以下四个方面着手。

第一,加大对公益性文化事业单位的保障。公益性文化事业单位在公共文化服务中的骨干地位是政府赋予的,公益性文化事业单位也是直接代表政府向全体人民提供公共文化服务,关系着政府的公共文化服务形象。因此,政府首先必须加大对公益性文化事业单位人财物等方面的保障。

第二,建立完善公益性文化事业单位法人治理结构。按照关于深化文化体制改革和推进事业单位分类改革的要求,理顺政府和公益性文化事业单位之间的关系,建立和完善公益性文化事业单位法人治理结构,增强其发展的自主权和主动性。

第三,增强公益性文化事业单位的发展活力。解放思想,与时俱进,全面推进公益性文化事业单位人事制度、收入分配制度、社会保障、经费保障制度改革,增强发展活力。

第四,提高公共文化服务效能。公益性文化事业单位要强化服务功能,利用自身优势,认真研究新时期人民群众精神文化的新需求、新期待,不断创新服务方式和手段,不断丰富公共文化服务的内容和形式,提升服务质量和效能。

101. 如何加大公益性文化事业单位改革力度?

答:按照关于深化文化体制改革和推进事业单位分类改革的要求,理顺政府和公益性文化事业单位之间的关系,探索管办分离的有效形式。进一步落实公益性文化事业单位法人自主权,强化公共服务功能,增强发展活力,发挥公共文化服务骨干作用。全面推进人事制度、收入分配制度、社会保障、经费保障制度改革。创新运行机制,建立事业单位法人治理结构,推动公共图书馆、博物馆、文化馆、科技馆等组建理事会,吸纳有关方面代表、专业人士、各界群众参与管理,健全决策、执行和监督机制。完善年度报告和信息披露、公众监督等基本制度,加强规范管理。加强和改进公益性文化事业单位党组织建设,充分发挥基层党组织的战斗堡垒作用和共产党员的先锋模范作用。

102. 什么是事业单位法人治理结构？

答：事业单位法人治理结构，是指提供公益服务的事业单位，以依法独立运作、自我管理和承担职责，实现事业单位宗旨和职责为目标，各利益相关方共同参与治理的组织架构与运行机制等相关制度安排。

103. 事业单位法人治理结构与公司法人治理结构的区别与联系是什么？

答：事业单位法人治理结构与公司法人治理结构既相联系又相区别。就联系而言，事业单位法人治理结构在组织架构和运行机制上主要借鉴了公司法人治理结构的相关经验，二者的基本原理都是在组织体内形成决策、执行与监督相互分离又相互协调的权力运行机制。就区别而言，事业单位具有公益属性，组织使命是提供公益服务，弱化出资者角色，体现利益相关方的多方共同治理；公司具有财产属性，组织使命是获取利润，依出资比例分配收益，彰显所有者权益。

104. 事业单位法人治理结构的基本架构是什么？

答：事业单位法人治理结构的基本架构包括决策层和管理层。决策层是事业单位的决策与监督机构，负责对本单位的重大事项进行决策，并对管理层执行决策层决议事项有关情况进行监督。管理层是决策层的执行机构，对决策层负责，并向决策层汇报工作。对服务事项涉及公众普遍需求，承载较多公共利益，以及可以依法开展相关经营活动的事业单位，可设置监事或者监事会，作为本单位的专门监督机构，负责对本单位的财务、理事和管理层履行职责的情况进行监督。

105. 事业单位理事会的职责权限是什么？

答：事业单位的理事会作为本单位的决策与监督机构，其职责权限主要包括以下几个方面：①拟定和修改本单位的章程；②拟定本单位的发展规划；③审议和决定本单位重大业务事项；④负责本单位管理人员的任免或任免提名；⑤审议和批准本单位的财务预决算；⑥审议和批准内部职工的收入分配方案；⑦监督管理层执行理事会决议；⑧拟订单位合并、分设、变更、解散的方案；⑨法律法规和本单位章程规定的其他工作。

106. 事业单位的理事会该如何组成？

答：事业单位的理事会主要由政府有关部门、举办单位、事业单位、服务对象和其他有关方面的代表组成。政府有关部门的具体范围应结合事业单位的业务情况和工作实际需要进行确定。其他有关方面的代表，指相关领域的知名人士、专家、行业、群众代表等。直接关系人民群众切身利益的事业单位，应尽可能增加代表服务对象利益的理事人数，且本单位以外的人员担任的理事要占多数,具体比例应结合本单位实际在事业单位的章程中予以明确。

107. 事业单位理事会的规模如何确定?

答:事业单位的理事会成员一般为7—15人,为奇数。考虑到部分事业单位涉及利益关联方较多,且机构规模和从业人员数较大的情况,可适当扩大事业单位理事会的人员规模。根据精简效能、资源整合的原则,对于机构规模较小、业务活动相近的若干事业单位,也可以设立一个共同的理事会,对所属事业单位的重大业务事项等进行决策,并拟定相关的行业发展规划等。事业单位的理事会应设理事长1名,根据工作需要可设副理事长1—2名,协助理事长开展相关工作,规模比较大的理事会,也可设常务理事。

108. 为什么要建立事业单位法人治理结构?

答:十八届三中全会决定要求"明确不同文化事业单位功能定位,建立法人治理结构","推动公共图书馆、博物馆、文化馆、科技馆等组建理事会,吸纳有关方面代表、专业人士、各界群众参与管理"。建立文化事业单位法人治理结构既是文化事业单位管理机制体制创新的要求,也是推动国家文化治理体系和治理能力现代化的要求。

第一,建立事业单位法人治理结构是推进我国文化事业单位改革的重要内容。2003年以来，公益性文化事业单位按照"增加投入、转换机制、增强活力、改善服务"的要求进行改革，取得了显著成效，但还存在着管理体制不顺、运行机制不畅等问题。主要表现在，一些文化事业单位功能定位不清，存在着行政化现象，管办不分，机制不活；公益服务供给总量不足，供给方式单一，资源配置不合理，效能不高；监督机制不健全等。上述问题制约着文化事业健康发展和公益文化服务有效提供。2011年3月，中共中央、国务院发布《关于分类推进事业单位改革的指导意见》，把健全法人治理结构作为推进公益服务事业单位改革的重要内容。国务院办公厅还印发了《关于建立和完善事业单位法人治理结构的意见》，作为分类推进事业单位改革的配套文件之一。建立法人治理结构的主要目的就是转变政府职能，创新文化事业单位体制机制，实现管办分离。通过建立法人治理结构，落实文化事业单位法人自主权，规范治理模式，扩大公众参与，逐步构建以公益目标为导向、内部激励机制完善、外部监管制度健全的治理结构和运行机制，切实提高文化事业单位的公益服务能力和水平。

第二，建立事业单位法人治理结构是推动国家文化治理体系和治理能力现代化的要求。党的十八届三中全会将"推进国家治理体系和治理能力现代化"作为全面深化改革的总目标，在文化领域，则要推进国家文化治理体系和治理能力现代化。现代公共文化服务体系是保障人民群众基本文化权益、建设社会主义文化强国的重要制度设计，也是国家文化治理体系和治理能力的重要组成部分。要实现到2020年基本建成覆盖城乡、便捷高效、保基本、促公平的现代公共文化服务体系的目标，必须坚持政府主导、社会参与、共建共享，形成政府、市场、社会共同参与公共文化服务体系建设和公共文化治理的格局。在传统体制下，公益性文化事业单位的设施建设以及运营所需资金主要来自于政府财政。但是，随着经济的发展以及社会财富的增加，在政府的政策引导和鼓励之下，越来越多的社会资本流向公共文化服务领域，进入各类公益性文化事业单位。当公益性文化事业单位的出资人不止一个时，就需要有配套的法人治理结构来平衡各个出资人的利益，而更重要的是要通过法人治理结构来确保公益性文化事业单位不至于因追求自身利益而偏离公益性本质。现代公共文化服务体系的重要特征之一是运行机制民主化。这一特征要求公益性文化事业单位应当贯彻开放透明的原则，强化社会公众对公共文化服务供给及运行的知情权、参与权和监督权，增加公益性文化事业单位管理与决策的透明度，通过建立和完善法人治理结构，明确公益性文化事业单位各个利益相关者的权利、义务与责任，吸纳有关方面代表、专业人士、各界群众广泛参与，构建以公益目标为导向、内部激励机制完善、外部监管制度健全的治理结构和运行机制，实现决策、执行、监督三方的有效制衡，最终形成公益性文化事业单位独立运作、自主发展、自我约束、自我管理的新机制。因此，建立和完善事业单位法人治理结构，目的就是构建政府、市场和社会相统一的"三位一体"的国家文化治理体制机制，推动文化管理向文化治理转变,在公共文化服务领域实现多元参与、协同共治。

109. 如何推动建立事业单位法人治理结构?

答:推动建立事业单位法人治理结构,要从以下五个方面着手:

第一,政府要加大自身改革力度,切实推动建立文化事业单位法人治理结构。建立和完善文化事业单位法人治理结构,关键在政府。政府要有改革自己、规范自身行为的决心,要有敢于对自己动刀子的勇气,真正转变政府职能,理顺政府与公益性文化事业单位的关系,实现政事分开、管办分离,使文化事业单位真正具备"法人自主权",形成政府宏观管理、文化事业单位自主发展、社会力量积极参与的格局。

第二,完善配套政策,为建立文化事业单位法人治理结构营造良好的制度环境。政府职能是通过制定政策和执行政策来实现的,政府要转变职能,也要制定和执行相应的政策。要建立文化事业单位法人治理结构,实现政事分开、管办分离,政府必须完善相关的配套政策。"啃骨头"阶段的文化体制机制改革,单兵独进已经很难奏效,必须按照党的十八届三中全会确定的总体设计、统筹协调、整体推进的原则,更加注重改革的系统性、整体性、协同性,在相关领域和方面实施与建立法人治理结构相适应的改革。要加强与建立文化事业单位法人治理结构相关联制度的顶层设计,如人事管理、收入分配、养老保险、财政等方面的制度，注重政策创新，注重政策系统的各个部分即各项具体政策之间的有机联系，使之相互关联、相互协调、相互配合，防止出现政策碎片化，引发政策系统的紊乱，难以达到政策的目标。

第三，鼓励和引导社会力量参与，不断巩固建立文化事业单位法人治理结构的基础。政府要进一步简政放权，减少行政审批项目，吸引社会资本投入公共文化领域。鼓励和支持社会力量通过投资或捐助设施设备、资助项目、赞助活动、提供产品等方式参与公益性文化事业单位公共文化服务。还可通过委托或招投标等方式吸引有实力的社会组织和企业参与公共文化设施的运营。通过鼓励和引导社会力量参与公益性文化事业单位的建设、管理、运营和服务，培育文化治理的理念，养成文化治理的意识，激发参与文化治理的热情，提高参与文化治理的水平和能力，从而巩固建立文化事业单位法人治理结构的社会基础。

第四，完善文化事业单位法人治理结构内部治理机制，扩大文化事业单位法人治理结构试点单位试点成果。在中国建立文化事业单位法人治理结构是一种新的实践，照搬照抄国外的做法未必行得通。要对建立文化事业单位法人治理结构进一步作深入的研究，对建立文化事业单位法人治理结构的试点单位及先行单位的探索和实践进行总结和分析，找出其在实际中所遇到的各种问题，着力完善具有中国特色的事业单位法人治理结构。要完善文化事业单位法人治理结构内部治理机制。进一步完善理事会内部运行规则。要优化理事会的组成，在政府委派、行业选派的基础上，合理利用理事社会招募的形式，使公众参与公益性文化事业单位管理的力度更大，效果更好。要逐步将目前的非决策型理事会转变为决策型理事会，没有单独建立监事会的要建立监事会，以实现分权制衡。

第五，健全和完善文化法律法规体系，为建立文化事业单位法人治理结构提供根本保障。建设"法治中国"，推进国家文化治理体系和治理能力现代化，首先必须加强文化立法，健全和完善文化法律法规体系，做到有法可依、依法行政。推进建立文化事业单位法人治理结构，健全和完善文化法律法规体系是重要前提。要按照十八届四中全会决定要求，加强文化法律法规的"立改废释"。要加快公共文化领域立法修法的进程，尽快出台《中华人民共和国公共文化服务保障法》，使建立文化事业单位法人治理结构得到法律上的根本保障。

110. 公共数字文化建设在现代公共文化服务体系建设中的地位和作用是什么？

答：现代公共文化服务体系的主要特征是公益性、基本性、均等性、便利性、现代性。公共数字文化建设作为现代公共文化服务体系建设的重要组成部分，是数字化、信息化、网络化环境下文化建设的新平台、新阵地，是利用信息技术拓展公共文化服务能力和传播范围的重要途径，对于消除数字鸿沟，推动公共文化服务标准化、均等化，满足人民群众不断增长的精神文化需求、提高全民族文明素质，构建社会主义核心价值体系具有重要意义。

111. 公共数字文化建设的原则是什么？

答：①坚持政府主导、社会参与的原则，突出公益性，维护和保障广大公众的基本文化权益。②坚持统筹规划、协调发展的原则，发挥重点公共数字文化惠民工程的整体优势。③坚持需求主导、服务为先的原则，了解群众对公共数字文化的需求，建设丰富适用的数字资源，加强公共数字文化的惠民服务。④坚持规范建设，科学管理的原则，发挥先进信息技术和标准规范在公共数字文化建设中的基础作用。⑤坚持共建共享、开放共赢的原则，加强合作共建，鼓励、引导社会力量参与公共数字文化建设，开创互利共赢的局面。

112. 公共数字文化建设的目标任务是什么？

答：公共数字文化建设包括数字化平台、数字化资源、数字化服务等基本内容，以制度体系、网络体系、资源体系、管理体系和服务体系建设为着力点，构建海量分级分布式公共数字文化资源库群，建成内容丰富、技术先进、覆盖城乡、传播快捷的公共数字文化服务体系，为广大群众提供丰富便捷的数字文化服务，切实保障信息技术环境下公共文化服务的公益性、基本性、均等性、便利性、现代性。重点实施文化共享工程、数字图书馆推广工程和公共电子阅览室建设计划三大公共数字文化惠民工程,在此基础上,广泛动员各方面力量,逐步拓展范围,带动数字美术馆、数字文化馆、数字博物馆、数字爱国主义教育基地等建设,大力整合汇聚非物质文化遗产、国有艺术院团、民间文艺社团等方面的数字化资源,不断丰富和加强公共数字文化建设,从而丰富公共文化服务内容,拓展公共文化服务阵地,整合公共文化服务资源,创新公共文化服务手段,提高公共文化服务水平,完善现代公共文化服务体系。

113. 什么是"文化共享工程"?

答:"文化共享工程"是自2002年起,由文化部、财政部共同组织实施的一项文化工程。该工程利用现代科学技术,将中华优秀文化信息资源进行数字化加工与整合,通过互联网、卫星、有线电视(数字电视)网、光盘、移动播放等新型传播载体,依托各级图书馆和乡镇文化站、村文化室等公共文化基础设施,结合全国农村党员现代远程教育工作、农村中小学现代远程教育工程、广播电视村村通工程等,实现优秀数字文化资源在全国范围内的共建共享。经过将近10年的建设,到2010年底,文化共享工程已初步建成国家、省、市(县)、乡镇(街道)、村(社区)五级服务网络,包括1个国家中心、33个省级分中心、2 867个县级支中心、22 963个乡镇基层服务点,以及与全国农村党员干部现代远程教育工作和农村中小学现代远程教育工程合作共建的 59.7 万个基层服务点，数字资源建设总量达到 108TB。"十二五"时期，文化共享工程进一步加大整合力度，建设"公共文化数字资源基础库群"，资源总量达到 530TB；在城市社区、文化馆新建基层服务点，加强已建基层点的管理，发展完善覆盖城乡的服务网络，到"十二五"末达到基层服务点 100 万个，入户覆盖全国 50% 以上的家庭；利用"云计算"和"三网融合"技术，提升整个网络的服务能力与管理能力；大力推进进村入户，广泛开展惠民服务，实施以"农村实用技术人才培养计划"为重点的网络培训；与公共电子阅览室建设计划相结合，加快建设以公共图书馆、学校电子阅览室、社区文化活动中心为载体的未成年人公益性上网场所，更好地满足人民群众特别是广大青少年的精神文化需求。

114. 什么是数字图书馆？

答： 数字图书馆是网络环境和数字环境下图书馆新的发展形态，它利用现代信息技术，对海量、分布、异构的数字资源进行整合，形成有序的整体，通过各种媒体提供友好、高效的服务，使人们随时随地获取信息和知识。数字图书馆具有以下几个显著特点：其一，海量的资源规模。资源是数字图书馆建设与服务的基础。在网络环境下，图书馆的资源建设突破了传统图书馆资源建设的局限，形成了包括电子图书、电子期刊、电子报纸、数据库、音视频资源、网络资源在内的海量数字资源。这些资源分布在不同的系统中，形态不同，组织方式各异，既包括传统文献的数字化，也包括各种类型的原生数字资源，还包括其他虚拟馆藏。其二，有序的资源内容。数字图书馆利用现代信息技术，按统一标准对文字、图片、声音、图像等各种信息进行数字化转换和处理。同时，数字图书馆还利用了传统图书馆对文献的整理与组织方法，对数字资源进行有序组织，并基于知识组织和知识挖掘技术，将知识单元按统一规则有机地组织起来，形成一个完整的知识网络，方便读者检索和使用。其三，基于多种媒体的服务。数字图书馆基于网络环境和信息化环境，依托形式多样的信息传播媒介，遵循网络环境下信息活动的新规律，提供用户深度参与的、交互式的开放信息交流环境，通过互联网、手机、数字电视、智能移动终端等各种媒体渠道，将数字图书馆服务推送到千家万户，推送到用户身边，使人们得以突破时间和空间的限制，在任何时间、任何地点都能够获取信息与知识。其四，高度共享的平台。数字图书馆的资源具有易于复制、易于传播的特性，基于网络平台和开放协议，使数字图书馆能够为更大范围的用户同时提供可共享的服务。通过对多个分布式异构资源库的无缝链接，能够方便地实现不同数字图书馆系统之间的用户双向认证和资源双向访问，其共享的深度和广度都是传统图书馆无法比拟的。数字图书馆作为图书馆发展的新形态，是图书馆在网络环境和数字环境下的必然选择和必由之路。世界图书馆事业全面进入数字图书馆发展时期。

115. 什么是"数字图书馆推广工程"?

答:"数字图书馆推广工程"是将国家数字图书馆工程建设中取得的技术、资源、标准规范等成果在全国范围内推广,带动全国各级数字图书馆的建设,为数字文化建设提供资源支撑和技术支持,提高公共文化服务的信息化、网络化水平。数字图书馆推广工程的核心内容是建设覆盖全国的数字图书馆虚拟网、互联互通的数字图书馆系统平台和海量分布式数字资源库群,形成完整的数字图书馆标准规范体系,借助全媒体提供数字文化服务。数字图书馆推广工程将进一步加强资源共享,扩大资源总量,形成规模效益,有效扩充全国各级公共图书馆的数字资源,避免重复建设;将全面提升各级公共图书馆的文献保障水平和信息服务能力,拓展服务渠道,丰富服务手段;将推广我国在数字图书馆软硬件平台建设方面的成果,搭建标准化和开放性的数字图书馆系统;将为广大公众提供多层次、多样化、专业化、个性化的数字图书馆服务,打造基于新媒体的图书馆服务新业态。到"十二五"末,全国各级公共图书馆可用数字资源量将得到较大、均衡的增长,工程数字资源总量达到10 000TB,其中国家图书馆数字资源总量达到1 000TB,与2010年底的480TB相比翻一番;每个省级数字图书馆可用数字资源量达100TB,每个市级数字图书馆可用数字资源量达30TB,每个县级数字图书馆可用数字资源量达4TB。工程的实施将整体提升我国各级图书馆的服务能力和服务水平,到"十二五"末,以互联网、移动通信网、广电网为通道，借助手机、数字电视、移动电视等新兴媒体，使数字图书馆的服务覆盖全国省、市、县、乡镇（街道）、村（社区），促进公共文化服务新业态的形成。

116. 什么是"公共电子阅览室建设计划"？

答： 公共电子阅览室建设计划以保障人民群众的基本网络文化权益为目标，以未成年人、老年人、进城务工人员等群体为重点服务对象，依托文化共享工程的服务网络和设施，以及文化共享工程、国家数字图书馆丰富的数字资源，与文化共享工程建设、乡镇文化站建设、街道（社区）文化中心（文化活动室）建设，以及中央文明办组织实施的"绿色电脑进西部活动"相结合，在城乡基层大力推进公共电子阅览室建设，努力构建内容安全、服务规范、环境良好、覆盖广泛的公益性互联网服务体系。实施公共电子阅览室建设计划，将为广大人民群众特别是未成年人提供公益性上网场所，吸引广大人民群众参与积极、健康的网络文化活动；将进一步完善全国各级公共图书馆、文化馆（站、室）的软硬件设施，增强各级公共图书馆、文化馆（站、室）的数字文化服务能力，把更多适应人民群众需求的数字资源传送到社区、城镇和农村，活跃基层群众的文化生活，推进全社会的信息化。到"十二五"末，努力实现公共电子阅览室在全国乡镇、街道、社区的全覆盖。

117. 如何大力推动公共数字文化建设？

答：推动公益性数字文化建设需从多方面入手。一要大力推进全国文化信息资源共享工程，充分发挥其在公共文化服务中的战略性、基础性作用，建立公共文化资源提供平台，推进数字化服务进入家庭，建立内容丰富的数字文化资源库群，加强少数民族语言数字资源译制。二要实施公共电子阅览室建设计划，利用文化共享工程工作网络，依托公益性文化单位，建立公共电子阅览室，为基层群众特别是广大青少年提供内容健康、服务规范、环境良好的公益性互联网服务。三要加强数字图书馆建设，借助"三网融合"工程，实现全国图书馆资源的无障碍共享。实施国家数字图书馆推广工程，拓宽国家数字图书馆优秀数字资源传输渠道和服务平台，向基层群众提供个性化、多样化的数字图书馆服务。努力形成覆盖城乡的数字文化服务体系，提高公共文化服务的信息化、网络化水平。

推动公益性数字文化建设需要着力解决这样几个问题：一要加强对公益性数字文化的宣传。要让群众了解公益性数字文化服务，了解全国文化信息资源共享工程、数字图书馆和电子阅览室，让群众走近公益性数字文化服务。二要教会群众享受数字文化服务。通过普及计算机使用知识，让群众了解并体验数字文化所带来的益处，激发群众对数字文化服务的需求，引导群众正确享受数字文化服务。三要让数字文化资源更有吸引力。公益性数字文化资源需要做到丰富，更需要追求独特。要了解群众对数字文化服务的需求，建立群众对数字文化服务需求的反馈机制。要针对服务需求建设数字文化资源。四要实现数字文化服务的良性互动。吸引群众参与数字文化资源建设，展示自己的创造，实现数字资源的共享、共建、共创。五要对公共文化服务领域的资源进行更科学合理和更有效的整合。可以建立网上图书馆、网上博物馆、网上文化馆、网上美术馆、网上艺术馆、网上科技馆、网上少年宫、网上纪念馆、网上爱国主义教育基地。六要实现基层数字文化资源的统筹管理、协调运营，让数字文化资源切实发挥作用。

118. 如何建设数字文化馆？

答：加强数字文化馆建设，是全面带动各级文化馆提档升级、提高效能的重要途径。

建设数字文化馆，可从以下几方面着手：

第一，构建与公共文化服务"一站式"相适应的数字化群众文化艺术服务平台。以县文化馆为主体，建立县域群众文化艺术数字化服务平台，形成场地设施、艺术普及培训、群众文化活动、非物质文化遗产体验传承、特色文化展示等集成提供，以数字文化馆带动区域群众文化"一站式"服务，以"线上"服务带动"线下"、"线上"服务良性互动。

第二，推进各级文化馆场地设施数字化、智能化。综合应用有线、无线、数据库等多种方式提升各级文化馆场地设施的数字化水准，提高艺术享受的便利性、艺术普及的受益面、艺术体验的自助性和艺术服务的互动性。

第三，深化网上文化馆公共文化服务。一是创新服务方式。结合全民艺术普及工程，以"线上"与"线下"结合、远程与实体结合的方式，提供交互式文化艺术辅导培训和体验服务。以远程互动方式开通咨询解答和活动预约服务。二是丰富服务内容。加强文化馆数字文化资源，特别是特色数字文化资源建设，丰富服务内容。广泛发动群众，吸引社会力量参与文化馆数字文化资源提供和数字化服务。三是拓展服务空间。充分利用各种网络渠道、平台以及数字技术，拓展服务空间。四是培育服务品牌。结合文化馆实体服务的开展，打造网上服务品牌。

第四，建立文化馆信息管理系统和绩效评价系统。逐步实现文化馆日常管理和绩效评价公开、客观、实时、动态，确保文化馆的各项工作规范有序、长效运行。同时，建立数字化网络化的公民文化需求反馈和评价机制，实施公开透明的公众"参与式"管理。

119. 如何提高公共数字文化供给能力，创新公共数字文化服务机制？

答： 在实施重点公共数字文化惠民工程的基础上，全面加强公共数字文化的制度体系、网络体系、资源体系、管理体系和服务体系建设，提高公共数字文化供给能力，创新公共数字文化服务机制。

第一，推进公共数字文化建设制度设计，实现科学规划。开展专题调研，推进公共数字文化建设的制度设计和机制研究，实现科学规划和全面可持续发展。充分发挥专家作用，加强宏观研究工作，包括顶层设计、总体规划、技术创新、绩效评估等；积极开展公共数字文化建设管理体制创新研究，坚持政府主导、多方参与、统筹兼顾、动态协调的原则，不断完善管理格局，创新管理机制，提升管理和服务水平；探索并创建科学的运行机制，推进建立各部门协调联动机制，加强各有关部门的责任分工、协调与合作；构建纵横联合的区域联动机制，加强协调合作，推动公共数字文化建设的顺利实施。

第二，发展完善公共数字文化设施网络，实现双向互动。依托各级公共图书馆、文化共享工程各级中心、公共电子阅览室以及文化馆（站、室）、社区文化中心等公共文化基础设施，发展完善公共数字文化设施网络；以文化共享工程的服务网络和数字图书馆的虚拟网为基础，构建覆盖城乡、便捷高效的数字文化服务网，将各类数字资源，包括电子图书、电子期刊、电子报纸、图片、音视频等，分发推送到基层，实现全国用户对资源的统一搜索和主动获取；在提供资源服务的同时，采集用户的个性化行为需求和数字资源使用信息，从而掌握舆情信息和文化需求，引导资源投放和服务侧重，形成双向互动的良性循环，保障公共数字文化服务的高效运行。

第三，加强公共数字文化资源建设，实现共建共享。统筹规划文化共享工程与数字图书馆推广工程的数字资源建设，调动各地积极性，拓展资源征集渠道，提高公共数字文化资源供给能力；建立群众对数字文化服务需求的反馈机制，突出精品，体现特色，适应群众文化需求，有针对性地开展资源建设；注重建立资源之间的关联，实现数字资源的深层揭示与知识组织，以文本、动画、影像、音视频、在线讲座和在线展览等多种手段展现优秀文化资源，弘扬中华优秀文化；构建分级分布式公共文化资源库群和全国数字资源保障中心，在全国范围内形成有效的数字资源保障体系。

第四，搭建集中统一的运行管理平台，实现规范管理。采取科学化、系统化、规范化的管理手段，确保公共数字文化体系的稳定运行和有效监管。搭建中央控制管理平台，实时采集各级各类终端的运行情况信息及用户的个性化需求信息，实现对各级服务站点和个人用户的精细化管理；构建公共数字文化安全管理平台，应用网络安全技术、网络安全设施，保障用户上网安全；建立健全管理制度，通过统一管理、专业化培训、标准化服务以及统一标识、树立品牌形象等管理及推广手段，扩大公共数字文化在社会上的影响力。

第五，打造基于新媒体的服务新业态，实现创新发展。打造基于互联网、广播电视网和移动通信网的跨网络、跨终端的服务新业态，通过服务模式创新、新技术与新媒体应用、系统平台搭建与推广等方式，建设基于互联网的综合服务系统、覆盖全国移动通信网的数字内容体系，借助新兴媒体，提供多层次、多样化、专业化、个性化的数字文化服务，扩大公共文化服务的覆盖面和辐射力，切实保障人民群众获取公共文化服务的普遍性和均等性。建设满足不同层次用户需要的开放式数字文化服务平台，使数字文化建设成果能够融入人民群众日常生活与工作学习，为全民共享。

第六，鼓励开放合作的数字文化建设新局面，实现互利共赢。在资源建设、技术平台建设等方面，加强与教育、科研等系统数字图书馆建设项目的合作共建、互联互通；吸引群众参与数字资源建设，探索、引导社会力量参与公共数字文化建设，鼓励企业开发和推广弘扬民族精神、反映时代特点、有益于未成年人健康成长的数字文化产品；鼓励企业以优惠条件参与公共数字文化建设，通过与电视媒体、网络媒体和通讯运营商的合作，拓展公共数字文化的服务渠道，同时扩大合作者的用户群体，开创互利共赢的局面；积极探索国际文化交流与合作模式，进一步扩大中华文化的传播范围。

120. 如何推动公共文化服务科技创新？

答：当今世界已进入信息化、数字化时代，推动文化事业发展必须依靠科技创新，依靠文化和科技的融合。推动公共文化服务科技创新，需要从以下三方面着手。

第一，以公共文化服务体系建设的重大科技需求带动科技创新。围绕公共文化服务体系建设的重大科技需求，发挥文化和科技相互促进的作用，结合中央财政科技计划（专项、基金等）管理改革要求，将公共文化科技创新纳入科技发展专项规划，深入实施国家文化科技创新工程。

第二，以公共文化服务领域科技标准化推动科技创新。研究制定公共文化服务领域科技标准规范。开展文化专用装备、软件、系统的研发应用，推进公共文化服务创新手段、提高效能。

第三，以科技成果的转化应用推动科技创新。加强科技成果转化应用，实施一批公共文化服务科技创新应用示范项目。支持公共文化机构、科研院所、高科技企业合作开展各类关键技术研究。依托国家公共文化服务体系建设示范区（项目）、高新技术园区和可持续发展实验区，开展公共文化服务与科技融合示范工作。

121. 如何推进公共文化服务数字化建设？

答： 加快推进公共文化服务数字化建设是当前数字化时代的必然要求。推进公共文化服务数字化建设要从以下五方面着手：

第一，加快推进公共文化机构数字化建设。结合"宽带中国"、"智慧城市"等国家重大信息工程建设，通过国家网络建设、信息化建设战略的推进，加快数字图书馆、数字博物馆、数字文化馆等建设。

第二，统筹推进公共数字文化服务网络建设。结合公共文化机构数字化建设，统筹实施全国文化信息资源共享、直播卫星广播电视公共服务、农村数字电影放映、城乡电子阅报屏建设等项目，构建打造全域化、标准统一、互联互通的公共数字文化服务网络，并在基层实现共建共享，解决公共文化服务的"最后一公里"问题。

第三，加强公共文化数字资源建设。科学规划公共数字文化资源建设，建设分布式资源库群，鼓励各地整合中华优秀文化资源，开发特色数字文化产品。推进公共文化机构公共文化服务内容与产品数字化。通过文化产品数字化，增加公共文化服务内容的保存期和可获取性，有效提高文化资源供给的速度和便利性。

第四，提升公共数字文化资源保护能力。通过数字版权公共服务平台建设，实现公共数字文化资源有效保护。

第五，重视大数据技术在公共文化服务体系中的应用。加强公共文化大数据采集、存储和分析处理。加快推进数字文化资源在智能社区中的应用，实现"一站式"服务。

122. 如何提升公共文化服务现代传播能力？

答：第一，构建现代传播体系。进一步整合传播媒介，打造全媒体传播网络，实现传统媒体和新兴媒体互联互通。形成立体多样、融合发展的现代传播体系。

第二，拓宽传播渠道。灵活运用宽带互联网、移动互联网、广播电视网、卫星网络等手段，拓宽公共文化资源传输渠道。

第三，推广新型载体。大力推进"三网融合"，促进高清电视、互动电视、交互式网络电视（IPTV）、手机电视等新业务发展，推广数字智能终端、移动终端等新型载体。

第四，构建多元传播主体。将社会力量引入现代公共文化服务的传播体系，构建公共文化服务的多元传播主体格局，形成政府、个人、社会、市场的良性互动与平衡机制。

123. 如何理解社区文化建设的重要性？

答：社区是社会的基本单位，是社会的细胞。随着我国经济社会的发展和改革的深化，越来越多的"单位人"变成了"社会人"，传统的单位管理转变为社会管理。目前，我国城镇社区人口有5亿多，其中，有4 400万65岁以上的老年人、2 900万企业退休职工、2 200万城市贫困人口和2 000多万下岗失业人员。此外，还有2.6亿进城务工人员，也主要生活在社区。随着城市化进程的加快，城乡社区的结构、功能也发生了很大变化。伴随着人口在城市与乡村之间的大量频繁流动、公民自由选择居所等，新型城乡社区正在兴起。人们以多种多样的身份从不同的社会空间进入社区，也把不同的思想、需求和问题带到了社区，使社区成为各种社会问题和思想问题比较集中的地方。在这样的情况下，社区成为社会主义精神文明建设的前沿阵地、社会管理的重要基础和构建和谐社会的基石。要把城乡社区建设成为管理有序、服务完善、文明祥和的社会生活共同体，既要加强社区环境、社区管理制度和机构建设，更需要加强社区文化建设。社区文化建设是社区建设的灵魂。社区文化是社会主义精神文明建设的重要载体和途径，具有价值引导、行为规范、情感沟通、心理凝聚、文化娱乐、精神激励等多种功能，在服务城市建设管理、优化居民活动环境、提高居民生活质量、提升居民文明素质、促进社会和谐进步、维护社会稳定等方面发挥着不可替代的作用。

124. 为什么要加强农村社区文化建设？

答：农村社区是农村社会服务管理的基本单元。随着中国特色新型工业化、信息化、城镇化、农业现代化进程加快，我国农村社会正在发生深刻变化，农村基层社会治理面临许多新情况新问题：农村人口结构加剧变化，部分地区非户籍居民大幅增加，非户籍居民的社会融入问题凸显，部分地区存在村庄空心化现象，农村"三留守"群体持续扩大；农村利益主体日趋多元，农村居民服务需求更加多样，农村社会事业发展明显滞后，社会管理和公共服务能力难以适应；村民自治机制和法律制度仍需进一步完善等。加强农村社区文化建设，有利于推动户籍居民和非户籍居民和谐相处，有利于促进政府行政管理、公共服务与农村居民自我管理、自我服务更好地衔接互动，有利于增强农村社区自治和服务功能，为农民幸福安康、农业可持续发展、农村和谐稳定奠定坚实基础。

125. 如何加强社区文化建设？

答：一是推动社区文化建设与城市经济社会协调发

展。要整合资源,建设集宣传文化、党员教育、科技普及、普法教育、体育健身等多功能于一体的综合性社区文化中心,将社区文化中心建设纳入当地经济社会发展总体规划。要强化协调机制,确保各个部门对社区文化建设真正负起责任来。二是把社区文化建设切实纳入现代公共文化服务体系建设范畴。各级政府要将社区文化建设纳入现代公共文化服务体系建设范畴,在社区文化基础设施建设、管理服务、文化资源提供、人员培训等方面提供必要的资金保障。三是制定相关优惠政策,鼓励社会力量参与社区文化建设。政府应出台相应的税费优惠政策,鼓励社会资金投入社区文化建设,形成社会资源共享、多方积极投入的社区文化共享、共建局面。

126. 如何把公共文化融入城市老小区改造?

答:城市的老小区承载着城市的文化记忆。在城市老小区改造中,文化部门要主动参与其中,把公共文化融入老小区改造。重庆市渝中区的做法是,在所有老小区改造中,文化部门主动帮助老小区寻找文化源头,梳理文化脉络,分析文化特点,提炼小区特色,选取代表性文化元素,以文化广场、文化墙、雕塑、文化景观小品等形式体现出来,保留老小区和城市文化记忆,增强老小区居民文化认同,彰显城市文化品位和文化魅力。

127. 如何发挥公共文化服务在农村社区建设中的作用？

答：第一，完善农村社区文化设施。整合村宣传文化、党员教育、科学普及、体育健身等服务设施和功能，形成综合性文化服务中心，开辟群众文体活动广场，增强农村文化惠民工程实效。

第二，强化农村社区文化认同。以培育和践行社会主义核心价值观为根本，发展各具特色的农村社区文化，丰富农村居民文化生活，增强农村居民的归属感和认同感。

第三，发展农村社区文化。深入开展社区文化活动，树立良好家风，弘扬公序良俗，创新和发展乡贤文化，形成健康向上、开放包容、创新进取的社会风尚。

第四，增加农村社区文化供给。引导城市文化机构、团体到农村社区拓展服务，支持农民兴办演出团体和其他文化团体并开展文化服务。

第五，培养农村社区文化人才。发现和培养乡土文化能人、民族民间文化传承人等各类文化人才，广泛开展具有浓郁乡土气息的农村社区文化体育活动，凝聚有利于农村社区发展的内在动力和创新活力。

128. 群众自办文化的含义是什么？

答："群众自办文化"的说法由来已久。最早使用"群众自办文化"这一说法的准确时间虽不可考，但比较普遍地使用这一说法是在进入20世纪80年代之后。

在文化部和各地文化部门近10多年所出台的许多有关基层和农村文化建设的政策文件中，几乎都能找到"群众自办文化"的表述。《中共中央办公厅国务院办公厅关于进一步加强农村文化建设的意见》关于"大力发展农村民办文化"，指出要"通过民办公助、政策扶持，鼓励农民自办文化，开展各种面向农村、面向农民的文化经营活动，使农民群众成为农村文化建设的主体"。《中共中央办公厅国务院办公厅关于加强公共文化服务体系建设的若干意见》强调要"鼓励、引导农民和社区居民自办文化"。《文化部关于加强村级文化建设的指导意见》要求"积极发展农民自办文化"等等。但一直以来并没有一个确切的定义，事实上，"群众自办文化"最早属于文化工作者的一种工作用语，是对社会上（既包括农村也包括城市）某一种群众文化行为和群众文化现象笼而统之的一种概括，后来慢慢地变成一种政策用语和政策概念，为更多人所接受。因为是工作用语，故而，它的内涵和外延都是比较模糊和不确定的，在不同的使用者口中，它的含义可能会显现出一定程度的不同。

在今天公共文化服务体系建设的背景之下，群众自办文化指的是一种个人、家庭、群体或群众组织等群众文化主体为了满足自身和他人的文化需要，利用自有或其他资源和力量，以文化娱己娱人的一种自为的文化行为和文化现象。这个定义包含了这样几个含义：一是从动机和方式上来看，群众自办文化首先是文化主体为了满足举办者自身的文化需要，同时，也是为了满足他人的文化需要，是一种文化自为，这种自为可能是自发的，也可能是自觉的；二是从规模上来说，群众自办文化所动用的通常是文化主体的自有资源和力量，因而规模一般都不大；三是从效果上来说，群众自办文化既愉悦、丰富了自己，也愉悦、丰富了他人；四是从性质上来说，它既是一种文化主体及受益人的文化行为，也是一种极具草根意义的文化现象。

129. 群众自办文化在公共文化服务体系建设中的作用是什么？

答：群众自办文化是社会力量参与公共文化服务的重要表现，它对丰富和活跃基层群众精神文化生活的作用日益明显，已经成为公共文化服务体系建设的重要补充力量。①扩大了基层文化设施对服务人口的覆盖面。数量庞大的文化大院、文化中心户、民办博物馆、私人收藏馆等群众自办文化设施，增加了基层文化设施的总量，填补了一些农村自然村文化设施的空白，扩大了文化设施对服务人口的覆盖面。如重庆市的文化中心户几乎遍布全市每个村民小组，这使得基层群众可以更便捷地享受到文化服务。②增加了基层文化产品和文化服务的供给。群众自办文化扎根群众当中，他们向周边和当地群众提供多种多样的文化产品和服务，增加了基层文化产品和文化服务的供给。③丰富了基层群众的文化生活。群众自办文化组织自发开展各种文化活动，如读书活动、农业科技知识讲座、摄影展、秧歌大赛、农民诗会、老年书画展等，这些活动都吸引了广大农民积极参与，极大地丰富了农村群众的文化生活。④带动了基层文艺人才队伍建设。群众自办文化在农村基层起到了很好的文化带动作用。有的群众自办文化组织还开展文艺培训，组建戏迷协会、灯谜协会，促进了农村基层文艺人才的生长。⑤促进了地方的文化传承和文化创新。群众自办文化具有鲜明的地域特色和地方文化个性，他们植根于地方的民俗土壤和文化传统，促进了地方的文化传承和文化创新。在非物质文化遗产传承和民间文化艺术之乡创建的背后，在重大群众文化活动和群众文艺表演的舞台上，都能看到群众自办文化的身影。

130. 如何认识今天的群众文化？

答：群众文化是人们职业之外的，自我创造、自我参与、自我欣赏、自我娱乐、自我教育、自我开发、自我实现的社会性文化。它是以人民群众为活动和创造主体，以满足自身精神生活需要为主要目的，以文化娱乐活动为中心内容的社会现象。群众文化具有非职业性、群众性、社会性、自娱性、承传性、多样性等主要特征。群众文化具有宣传教育、娱乐审美、文化传承、和谐安定等功能。群众文化是人民群众生活中必不可少的内容。凡有人群的地方必有群众文化。群众文化渗透到人们日常生产生活中的各个领域，它是满足人们求乐、求知、求富、求美、求健需要的重要途径，是人们精神生活重要的组成部分。群众文化为社会经济发展提供着重要的精神动力。"群众"一词在汉语中泛指人民大众。"群众文化"亦即人民大众共同参与创造和共享的文化。今天的群众文化即是今天的人民大众在传承历史文化传统的基础之上共同参与创造和共享的文化。群众文化是社会主义文化的重要组成部分和重要基础。建设和发展群众文化，有利于建设社会主义核心价值体系，有利于建设和谐文化、构建和谐社会，有利于建设中华民族共有精神家园，有利于促进文化大发展、大繁荣，有利于提高国家软实力。建设和发展群众文化，可以激发全民族文化创造活力，丰富人民群众的精神文化生活，使社会文化生活更加丰富多彩，使人民精神风貌更加昂扬向上。

群众文化绝不只是简单的说说唱唱、蹦蹦跳跳，群众文化其实包含了人民大众所创造的所有的非物质文化形态。建设今天的群众文化，其实就是建设、创造和引领今天的非物质文化，并进而影响到今天的物质文化。

群众文化是一个动态的概念。群众文化的内涵和外延一直处于不断的发展变化之中。因此，群众文化工作应该始终与时俱进。

131. 群众文化与公共文化服务体系的关系是什么？

答： 首先，群众文化是公共文化的重要内容。群众文化是公共文化的基础和基石。没有繁荣的群众文化，公共文化将无从体现它的存在和作用。其次，群众文化与现代公共文化服务体系建设目标相一致。群众文化是群众自己创造的文化。发展群众文化，是实现人民群众文化权益的具体体现。而建设公共文化服务体系的根本目的也正是为了满足人民群众基本文化需求,保障人民群众的文化权益。再次,现代公共文化服务体系建设将促进群众文化走向更大繁荣。公共文化服务体系建设将更加有助于保障、扩大包括参与权、表达权、享有权、传播权、创造权等在内的人民群众基本文化权益,从而,有助于群众文化走向更大的发展和繁荣。

132. 群众文艺创作的重要性主要体现在哪些方面?

答:群众文艺创作的重要性主要体现在:①群众文艺创作是现代公共文化服务体系的重要内容和重要环节;②群众文艺创作直接关系着现代公共文化服务的质量和效能;③群众文艺创作直接影响着我们为今天的中国和未来的中国培养和塑造什么样的公民;④群众文艺创作为实现中华民族伟大复兴中国梦提供强大的精神动力和文化支撑。

133. 时代对群众文艺创作提出了哪些新的要求?

答:2014年10月15日,中共中央总书记、国家主席、中央军委主席习近平在京主持召开文艺工作座谈会并发表重要讲话。他强调,文艺是时代前进的号角,最能代表一个时代的风貌,最能引领一个时代的风气。实现"两个一百年"奋斗目标、实现中华民族伟大复兴的中国梦,文艺的作用不可替代,文艺工作者大有可为。广大文艺工作者要从这样的高度认识文艺的地位和作用,认识自己所担负的历史使命和责任，坚持以人民为中心的创作导向，努力创作更多无愧于时代的优秀作品，弘扬中国精神、凝聚中国力量，鼓舞全国各族人民朝气蓬勃迈向未来。

习近平指出，随着人民生活水平不断提高，人民对包括文艺作品在内的文化产品的质量、品位、风格等的要求也更高了。文学、戏剧、电影、电视、音乐、舞蹈、美术、摄影、书法、曲艺、杂技以及民间文艺、群众文艺等各领域都要跟上时代发展、把握人民需求，以充沛的激情、生动的笔触、优美的旋律、感人的形象创作生产出人民喜闻乐见的优秀作品，让人民精神文化生活不断迈上新台阶。

时代对群众文艺创作提出了许多新的要求。

第一，在创作的根本方向上，要求坚持为人民服务、为社会主义服务。第二，在创作导向上，要求以人民为中心。第三，在创作方法上，要求扎根人民、扎根生活。第四，在创作目标上，要求创作生产出无愧于我们这个伟大民族、伟大时代的优秀作品。第五，在创作的价值追求上，要求追求真善美。第六，在创作品质上，要求有筋骨、有道德、有温度。第七，在创作题材上，要求提倡题材多样化，既大中取材又小中见大。第八，在创作内容上，要求讲好中国故事、记录时代变迁、赞颂人间大爱、抒发百姓情怀。第九，在创作效果呈现上，要求社会效益和经济效益相统一。第十，在对创作者的素质上，要求作家艺术家应该成为时代风气的先觉者、先行者、先倡者。

134. 如何繁荣群众文艺创作？

答：第一，抓政策保障，营造良好创作环境。群众文艺创作是社会主义文艺事业的重要组成部分，是现代公共文化服务体系建设的重要内容和重要支撑。群众文艺创作的繁荣是实现社会主义文化大发展大繁荣的重要基础和重要标志。要制定繁荣群众文艺创作的政策，鼓励和扶持群众文艺创作。

第二，抓人才培养，建立高水平的创作队伍。要重视群众文艺创作队伍的建设，注重人才的挖掘、培养。通过开展各种活动，为广大群众文艺工作者搭建展示与交流平台，培养和造就一支勤奋创作、阵容强大的群众文艺创作队伍。

第三，抓本土特色，打造具有地方特色的群众文艺精品。要激发广大群众文艺工作者的积极性和创造性，充分发挥地方文化资源优势，立足实际，找准特色，创作具有地方特色的群众文艺精品。

135. 如何创新公共文化资源供给方式？

答：一是变单元生产公共文化产品为多元生产公共文化产品。在政府主导的前提下，要调动全社会的力量共同参与公共文化资源建设和公共文化产品生产。二是变单向供给为多向、交互供给。改变过去由政府和文化部门单向"送文化"的供给方式，要调动社会力量多向基层提供公共文化产品和公共文化服务，并鼓励和支持基层进行文化联动，彼此共同开展文化活动和文化交流，交互式提供公共文化产品和服务，还可以在城市"送文化"到农村的同时，让农村"送文化"到城市。三是变单纯公共文化产品供给为产品与要素供给相结合。除了向基层和人民群众直接提供公共文化产品外，还应向基层提供人才、资本、信息等生产要素，帮助基层提高公共文化产品自我生产能力。四是变农村基层被动接受为自主接受。要采用"菜单式"方式，向基层和人民群众提供各类公共文化产品，供人民群众自主选择。

136. 如何加大公共文化产品和服务供给力度？

答：一要充分发挥现有文化设施的作用。博物馆、图书馆、文化馆、美术馆、纪念馆、爱国主义教育基地等各级各类公共文化设施要按照免费开放的要求，进一步明确服务标准，创新服务方式，为城乡居民提供优质高效、普遍均等的公共文化服务，在窗口接待、场所引导、资料提供以及内容讲解等方面，创造良好的服务环境，增强吸引力。文化馆（站）要发挥综合功能，广泛开展丰富多彩的群众文化活动，影响并带动城乡群众性文化活动的深入开展。要推广公共图书馆总分馆制，组织公共图书馆讲座联盟，鼓励各级公共图书馆开展决策咨询等服务。

二要加强公共文化产品生产。公益性文化单位要充分发挥在公共文化服务中的骨干作用，面向基层、面向群众，着力提高公共文化产品生产能力和服务水平。要采取政府购买、项目补贴的方式，支持文化企业生产质优价廉、健康适用的公共文化产品，参与公共文化服务。要紧密结合社会主义新农村建设实践，不断增加广播电视、电影、报刊为农村服务的资源总量，加强"三农"出版物的出版发行，购买优秀剧本提供给基层艺术团体使用、改编并为农民群众演出。加强少数民族语言广播影视节目的译制和少数民族文字出版物的出版发行。国家投资、资助或拥有版权的文化产品要无偿用于公共文化服务。

三要调动社会力量共同参与公共文化服务。推广政府购买、集中配送、连锁服务等公共文化产品提供方式，健全市场化提供机制。引导社会力量有序参与公共文化服务，支持各种民办博物馆、图书馆等公益性文化机构发展，努力形成良性竞争、多元互补的公共文化服务供给体系，实现公共文化服务提供主体多元化和提供方式多样化。

137. 在构建现代公共文化服务体系的过程中，如何传承和发展优秀传统文化？

答：中华优秀传统文化是中华民族的精神命脉，是涵养社会主义核心价值观的重要源泉，也是我们在世界文化激荡中站稳脚跟的坚实根基。在新的时代条件下传承和弘扬中华优秀传统文化，需要从以下五点入手。

第一，培养高度的文化自觉和文化自信。优秀传统文化凝聚着中华民族自强不息的精神追求和历久弥新的精神财富，是发展社会主义先进文化的深厚基础，是建设中华民族共有精神家园的重要支撑。要引导群众全面认识祖国传统文化，增强文化自觉和文化自信，取其精华、去其糟粕，古为今用、推陈出新。

第二，开展优秀传统文化普及。加强文化典籍整理和出版工作，推进文化典籍资源数字化。加强国家重大文化和自然遗产地、重点文物保护单位、历史文化名城名镇名村保护建设，抓好非物质文化遗产保护传承。文化馆、图书馆、博物馆等公益性文化单位和非物质文化遗产保护基地要结合免费开放，广泛开展优秀传统文化教育普及活动，开展优秀文化遗产进校园、进社区，引导群众走近优秀传统文化，自觉学习和传承中华优秀传统文化。

第三，广泛开展民俗节庆活动。深入挖掘民族传统节日文化内涵，利用民族传统节日和地方民俗节庆活动，大力传播和弘扬中华优秀传统文化，使中华优秀传统文化深入人心。

第四，实现中华优秀传统文化创造性转化、创新性发展。加强对优秀传统文化思想价值的挖掘和阐发，利用民族文化基本元素和文化遗产资源、地方特色文化资源创作生产公共文化产品，应用现代科学技术创新文化遗产的展示和传播，使优秀传统文化成为新时代鼓舞人民前进的精神力量。

第五，加强中华优秀传统文化的现代传播和对外交流。提高网络文化产品和服务供给能力，促进优秀传统文化瑰宝和当代文化精品网络传播。组织民间文艺团队、非物质文化遗产项目和非物质文化遗产传承人开展多渠道多形式多层次对外文化交流,广泛参与世界文明对话,促进文化相互借鉴,增强中华文化在世界上的感召力和影响力,共同维护文化多样性。

138. 如何引导广场文化活动健康、规范、有序开展?

答: 广场文化活动是基层群众文化生活的重要内容。引导广场文化活动健康、规范、有序开展,需要从以下四个方面入手。

第一,做好顶层设计。政府应合理布局和建设文化广场,根据群众文化需求,引导和规范广场文化活动的开展。江苏省镇江市出台了《文化广场建设标准》《文化广场创建评价范围和创建规范》,规范文化广场的建设和广场文化活动的开展。

第二,做好协同管理和服务。文化、公安、环保等部门应协同做好广场文化活动的管理与服务。湖南浏阳、海南三亚、陕西西安、新疆乌鲁木齐对广场舞活动时间进行了规定,各地因地制宜,大多规定在7点至22点之间,音量均需控制在60分贝以下,如有违反者,执法部门可进行劝阻,劝阻无效则可没收音响设备并处以罚款。

第三,做好优秀广场舞的创作与推广。银川市文化艺术馆利用回族等少数民族文化元素编创了24套广场民族健身舞,并在全市开展普及与推广,并组织开展广场民族健身舞推广和比赛活动。上海市在组织广场舞大赛中将音响分贝列入评比标准,将政府的意见、推广的标准、艺术的普及，通过活动和比赛传达给群众，提高了广场文化活动参与者的文明素养。

第四，充分发挥群众自治的力量。四川省成都市温江区在2013年成立了群众广场舞协会，出台了《温江区广场健身文明公约》，建立了广场舞团队管理档案制、登记备案制、挂牌上岗制、星级评定制等管理体系，有效降低了投诉率。2014年6月，四川省成都市温江区千余名大妈在《广场健身文明公约》上签字，她们承诺做到白天跳舞音量在60分贝以内，晚上音量在50分贝以内。2014年7月，陕西省西安市千余名广场舞爱好者倡议，把跳舞时间控制在7点至21点之间，音乐音量不超过60分贝。他们通过自我约束实现了广场舞活动的文明开展。

139. 基层文化队伍培训工作的出发点和落脚点是什么？

答：加强能力建设，提升基层文化队伍的管理与服务能力是基层文化队伍培训工作的出发点和落脚点。要适应新时期社会发展和基层文化工作的需要，以"学得会、用得上、有实效"为准则，突出基层文化工作者在学习培训中的主体地位，强化培训需求导向，坚持把素质和能力培养贯穿于培训的全过程。一是致力于提高基层文化队伍的政策理论水平。要让基层文化工作者从科学发展观的高度，了解公共文化服务体系建设的指导思想、目标和基本内容，掌握基本的文化政策规章，用来指导具体实践工作，提高运用科学理论分析和解决实际问题的能力。二是致力于提高基层文化队伍的知识素养。要帮助基层文化工作者扩大知识储备,掌握时政知识、市场经济知识、高新技术知识、民主法制知识、公共管理知识、科学知识,加强与业务工作密切相关的新理论、新知识、新规则、新技能的培训,帮助其更新知识,完善知识结构,提高科学文化素养,提高工作能力。三是致力于提高基层文化工作者的实践能力。要对基层文化工作者进行文艺创作、组织策划活动、操作现代化设备、吹拉弹唱等技能培训,使其"一专多能"。

140. 如何进一步加强公共文化人才队伍建设?

答: 第一,增加和落实编制。要按照控制总量、盘活存量、优化结构、有减有增的要求,研究制定公共文化机构人员编制标准,并根据业务发展状况进行动态调整。加强对乡村文化队伍的管理和使用。在现有编制总量内,落实每个乡镇综合文化站(中心)编制配备不少于1至2名的要求,规模较大的乡镇适当增加。

第二,设立城乡基层公共文化服务岗位,配置由公共财政补贴的工作人员。

第三,将公共文化服务专业人才培养纳入国民教育体系。

第四,稳步推进基层公共文化服务队伍培训。建立培训上岗制度,全面提高从业人员素质。

第五,完善基层公共文化服务人才激励和保障机制。

第六,加强基层乡土文化人才建设。

141. 如何理解"城乡文化一体化"?

答:统筹城乡文化发展,打破城乡二元结构,逐步缩小城乡差距,推进城乡文化一体化,是现代公共文化服务体系建设的重要任务。城乡文化一体化,其内涵主要是:①对城乡文化建设应一视同仁,一同规划,一同建设,一同推进。要改变过去重城市、轻农村的现象,在城乡文化事业投入、文化设施建设、文化队伍培养、文化资源共享等方面实现城乡一体化。要加大对农村文化建设经费的投入,弥补历史的"欠账";②强化城市对农村的辐射带动作用,促进城乡之间文化要素的双向流动,促进城乡文化共建,协调发展。一方面,要加强城市对农村的支持,统筹城乡文化资源,把更多的公共文化资源向农村倾斜。另一方面,则要积极开展城乡文化联动,促进城乡文化的相互交流、相互融合,共同发展。

城乡文化一体化并不是农村和城市文化完全同质化,而是在基本公共文化服务方面实现均等化。

142. 如何挖掘、利用乡村文化资源?

答:乡村潜藏着丰富的文化资源,是开发不尽的文化宝藏。乡村文化资源是乡村开展文化建设重要的基础和依托。只有充分挖掘乡村丰富的文化资源,并进行合理的开发和利用,乡村文化才能实现大发展大繁荣,从而促进乡村政治、经济、社会、文化协调发展。

在乡村文化资源的挖掘方面,可以通过走访、座谈、发放调查问卷等方法，分门别类，对乡村物质文化遗产和非物质文化遗产资源、文化景观资源、文化设施资源、文化信息和文化产品资源、历史文化名人资源、文化名著资源、民族文化资源、红色文化资源、地域文化资源、特色文化资源、文化人才资源等进行调查，并分类进行整理，登记造册，并进行数字化保存。在此基础上，对乡村文化资源进行深入研究，通过研究，梳理当地文化脉络，了解当地文化状况，分析当地文化特质，判明当地文化优势，规划当地文化建设。

在乡村文化资源的开发、利用方面，一是可以对乡村文化遗产资源以及特色文化资源等进行"物化"和"活化"，采用馆藏展示模式、实景旅游模式、舞台展演模式、出版收录模式、传习培训模式，使之广泛传播和得以充分保护与利用；二是可以以乡村文化资源为素材，创作文艺作品，生产公共文化产品；三是可以利用乡村文化资源，发展特色文化和文化产业；四是可以利用乡村文化资源，打造地方文化品牌。

143. 应如何建设一支素质较高的村级文化队伍？

答：一加强村级文化队伍建设。要结合村级文化建设的特点和实际需求，从农村文化热心人、有文艺特长的农民中发现和任用"村文化能人"，从有志于农村文化事业的大学生"村官"或回乡大中专学生中聘任"村文化干事"，从老干部、老战士、老专家、老教师、老模范中选聘为乡村服务的"村文化顾问"，从社会各领域有一定专长和服务热情的人员中聘请一批"村文化志愿者",逐步培育和建立起扎根基层、热爱群众、热心文化的村文化服务队伍,使之成为村级文化建设的生力军。

二扶持乡村民间文化队伍发展。把乡村民间文化人才开发纳入人才发展规划,在人才政策和人才服务方面一视同仁、同等对待。充分尊重农民群众的文化创造热情,鼓励和引导农民群众"自创自办、自编自演、自娱自乐",采取乡镇、村指导,村民自愿参与的原则,组建文艺团队,重点扶持一批优秀的乡土文化人才,特色乡土群众文化团体。充分发挥民间艺人、文化能人、农村文化经纪人在活跃农村文化生活、传承发展民族民间文化方面的突出作用。综合运用政策宣传、集中培训、外出学习、组织比赛、进村辅导、村际联动、文化庙会、文艺调演、年度表彰等平台和措施,鼓励和支持乡村民间文化队伍提高水平、创建品牌、扩大影响、发展壮大,在村级文化建设中更好地发挥辅助功能。

三加强村级文化队伍培训。县级文化馆、图书馆和乡镇综合文化站要采取"请进来、走出去"的方式,加强对农村文化骨干、业务文化团队的辅导和培训。各县文化馆、图书馆要将培训的重心放到乡村,在有条件的乡镇开设村文化队伍培训基地,对村文艺骨干进行集中培训,提高人员素质。各县文化馆、图书馆专业人员分区分片,主动到乡镇和村一级帮助开展业务培训。各县文化馆要建立起"村文化艺术辅导员培训轮训制度",逐步完善向村级源源不断输送人才的长效机制。灵活采取多种培训措施和培训方式,确保村基层文化工作人员参加集中培训时间每年不少于5天。依托全国文化信息资源共享工程服务网络,提供"不离村、不脱岗"的在线学习、在线考试等服务,鼓励自主学习。

144．加强农民工文化工作的重要性是什么？

答：第一,加强农民工文化工作,是落实十七届六中全会精神,保障农民工文化权益的重要举措。文化是人的生活的重要内容和人精神上的内在需求,是民生的重要组成部分,是人民幸福指数的重要衡量尺度,是群众生活质量提高的重要标志。文化权益和政治权益、经济权益一样,都是公民的重要权益。十七届六中全会《决定》特别提出,"引导企业、社区积极开展面向农民工的公益性文化活动,尽快把农民工纳入城市公共文化服务体系"。农民工是一个十分庞大的群体,他们大多集中在制造、建筑、传统服务业等领域,承担着最苦、最累的工作。多年来,他们辛勤劳动、默默奉献,为城市建设,为中国经济腾飞和现代化建设做出了巨大牺牲和巨大贡献。由于受到自身经济、时间、居住等各方面条件的限制,农民工的文化生活普遍还比较单调、枯燥,他们的精神文化需求还难以得到满足。从保障公民基本文化权益、实现公共文化服务体系全覆盖的角度,我们不能漠视和忽视农民工的存在,理应把他们纳入公共文化服务体系范畴,让他们和所在地居民一样,也享受到普惠、均等、便捷的公共文化服务。我们要像关心农民工按时拿到工资一样，关心农民工的文化生活、文化福利和文化待遇。我们应该按照十七届六中全会的要求，加快完善公共文化服务体系，创新体制、机制，创新服务内容、服务方式、服务手段、服务平台，使公共文化服务的触角更多地向农民工群体延伸，使更多的公共文化设施和公共文化产品能够为农民工所享用。我们应该动员企业和全社会的力量，兴建和增加更多的面向农民工的文化设施，生产更多面向农民工的公共文化产品，开展更多面向农民工的文化服务和文化活动，切实改善农民工的文化民生，保障农民工的文化权益。

第二，加强农民工文化工作，是统筹城乡文化发展，促进城乡文化一体化的重要内容。"十三五"时期是我国全面建设小康社会的关键时期，也是贯彻落实科学发展观，实现城乡经济社会文化全面、协调、可持续发展的重要时期。统筹城乡文化发展，打破城乡二元结构，逐步缩小城乡文化发展差距，推进城乡文化一体化，是公共文化服务体系建设的重要任务。当前，我国城乡二元结构尚未根本改变，城乡发展很不平衡，城乡文化发展依然存在着较大的差距。农民工大多生活、居住在城乡结合部。加强农民工文化工作，加大面向农民工的文化投入、设施建设、人才培养、文化资源供给等方面的力度，增加农民工文化服务网点和文化服务总量，强化城市对农村的辐射带动作用，激发农民工群体的文化生长活力、文化创造活力和文化传播活力，将有力地促进城乡文化统筹发展，促进城乡文化一体化，形成城乡经济社会发展一体化新格局。

第三，加强农民工文化工作，是提高农民工素质，推动经济发展方式转变的重要手段。目前，在竞争激烈的世界经济格局中，我国经济结构面临着巨大的调整压力。经济结构的调整，在一定程度上依赖和取决于劳动者素质的提高。农民工是我国经济建设的重要力量。农民工素质的提高不仅关系着农民工自身的发展，也关系着我国经济结构的调整和经济发展方式的转变，关系着中国经济发展的质量和整个现代化建设。我们要充分发挥文化的教育功能，通过举办讲座、培训、辅导，开展丰富多彩、贴合农民工需要的文化活动，帮助农民工树立正确的人生观、价值观，提高他们的思想道德素质和科学文化素质，提高他们的劳动技能，激发他们对美好生活和更高精神境界的向往和追求，增强他们的自信心和自我发展能力，激发他们的创造力，促进他们的全面发展，使之成为有理想、有道德、有文化、有纪律的社会主义公民，在社会主义现代化建设中发挥更大的作用。

第四，加强农民工文化工作，是建设农民工精神家园，实现农民工城市融入，维护社会稳定、促进社会和谐的重要途径。农民工是我国特有的城乡二元体制的产物，是我国在特殊的历史时期出现的一个特殊的社会群体。农民工背井离乡、漂泊在外，工作和生活的压力大，居住的条件和环境差，身心均处于城市的边缘，情感孤独，心理容易失衡，很容易引发一些社会问题。这就迫切需要加强农民工文化工作，有效地满足农民工的精神文化诉求，建设农民工的精神家园。目前，新生代农民工越来越成为农民工的主体。新生代农民工和第一代农民工有着很大的不同，他们在农村发展致富的环境中成长，很少务农，又有一定的受教育背景，他们没有父辈那样强烈的"恋土意识"。相反，他们特别向往城市，渴望融入城市，希望在城市寻找机会、谋求发展、实现理想。他们有着更主动的融入城市的愿望和更热切的文化需求。他们对文化的需求已从简单的娱乐消遣型向素质提升型转变，从被动旁观型向积极参与型转变。他们已不满足于传统的被动接受型的送书送报送电影送戏，而是希望通过参与文化活动，了解城市，接受城市的新鲜事物和观念，学习和模仿城市的生活方式，在精神上和情感上对城市形成认同。文化是农民工融入城市的桥梁，文化融入是根本融入。要让农民工能在城市安下心来工作、生活，要使他们从根本上融入城市，就必须顺应农民工对文化的新需求、新期待，通过加强农民工文化工作，为农民工了解城市，与城市平等地对话、交流开通更多的渠道，搭建更为广阔的平台。文化、人力资源社会保障、工会、民政、共青团、妇联等相关部门及企业应加强协作，通过提供积极向上、健康有益的精神文化产品和服务，开展贴合农民工需要的文化活动，丰富农民工精神文化生活，建设农民工和城市居民共有的精神家园，促进和实现农民工的城市融入。要充分发挥文化"以文化人，润物无声"的作用，加强人文关怀和心理疏导，用文化关爱人心、抚慰心灵，传递热情，传递温暖，传递信心，培育农民工自尊自信、理性平和、积极向上的社会心态。通过促进农民工内心的和谐，增强农民工的归属感、尊严感和幸福感，进而促进社会的稳定与和谐。

145. 我国农民工文化生活的现状及新生代农民工的特点是什么?

答：农民工是改革开放后形成的新生群体，泛指户籍在农村，但进城从事非农业生产和经营，以工资收入为主要生活来源，并具有非城镇居民身份的非农化从业人员。农民工数量庞大，层次也很复杂。我们所关注的农民工，主要还是在企业一线特别是在流水线上进行"三班制"工作的，以及在个体作坊和各种服务性行业工作的打工人群。这些人员学历不高，工资微薄，很少有文化消费的闲钱，而且加班频繁，也很难有参加文化活动的时间。目前来看，农民工的文化生活仍然相对贫乏，听收音机、听歌、看电视、打牌、喝酒、聊天，仍是他们打发闲暇时间的主要娱乐形式。

农民工的文化需求得不到满足受多种因素影响：一是受农民工自身文化意识的限制。农民工总的说来工作辛劳，收入微薄，生存、生活的压力很大。不少农民工因为境遇差，自觉低人一等，不敢在文化拥有和文化享受上存有奢望，从而无形中压抑了自己的情感，压抑了自己对文化的向往和追求。二是受农民工自身时间和经济条件的制约。很多企业是依靠延长劳动时间来提高职工收入的，大多数农民工身处岗位第一线，总是满负荷地"连轴转"，夜以继日是他们工作的常态，由于休息时间经常被占用，所以很难有功夫外出娱乐。企业的操作工，"三产"中的服务工，收入一般都较低，需要省吃俭用地过日子，即便是无偿的文化活动，他们也不敢参加，怕外出乘车、吃饭，增加开支。三是受农民工居住条件的制约。农民工所工作的企业和所居住的厂区宿舍以及租借的房屋大多离市区较远，外出不便，这使得他们很难有机会走进位于城市中心地段的公共文化设施。四是受所在企业文化生活的制约。有些上规模的企业，比较重视企业文化建设，会组织职工开展一些文化活动，在这些企业工作的农民工文化生活状况相对就会好些；而大多数中小企业，除了生产、经营，很少有文化娱乐活动，在这些企业工作的农民工文化生活就会相当贫乏。五是受所在地公共文化服务水平的制约。在广东深圳、东莞，江苏苏州等经济发达地区，因为当地公共文化服务水平较高，其公共文化服务范围能够延伸和覆盖到农民工，农民工的文化生活相对就会好些。如果当地公共文化服务水平较低，覆盖面有限，很难照顾到农民工，农民工就无法享受到公共文化的阳光。

新生代农民工指的是出生于20世纪80年代以后，在市场经济条件下，生长于农村，却在城市从事非农产业的群体。由于他们大多是在计划生育政策下出生，在农村发展致富的环境中成长，很少务农，又有一定的受教育背景，因此，他们没有父辈那样强烈的"恋土意识"，相反，他们特别向往城市，渴望融入城市，希望在城市能够寻找机会、谋求发展、实现理想。他们有更高的精神追求、更主动的文化融入愿望、更迫切的文化需求。他们对文化的需求也从简单的娱乐消遣型向素质提升型转变，从被动旁观型向积极参与型转变。他们已不满足于传统的被动接受型的送书送报送电影送戏，而是希望通过参与文化活动，了解城市，接受城市的新鲜事物和观念，学习和模仿城市的生活方式，在精神上和情感上对城市形成认同和归依。

146. 如何切实将农民工纳入城市公共文化服务体系？

答：一要加强领导、明确责任，切实把保障农民工基本文化权益纳入当地政府的基本职责。地方各级政府要把做好农民工工作作为政府的政治责任，将农民工作为当地公共文化服务的重要对象，履行好保障农民工文化权益、满足农民工文化需求的基本职责。把农民工文化工作的实际成效，作为衡量当地科学发展质量和水平的重要内容，作为衡量当地领导班子和领导干部工作业绩的重要依据。

二要加强统筹、精心安排，切实把改善农民工文化民生纳入当地经济社会发展规划。地方各级政府在编制和实施经济社会发展规划时，要充分考虑农民工群体"文化民生"的改善和发展，特别是在公共文化服务体系的建设布局、项目安排、资源配置和服务提供等方面，应兼顾辖区内农民工群体工作、生活特点和基本文化需求，科学规划，统筹安排。

三要加强保障、落实经费，切实把农民工文化产品、服务项目和文化活动纳入当地公共财政经常性支出预算。地方各级政府要深入工厂、社区，深入调研农民工的实际文化需求，结合农民工文化需求特点，因地制宜地设计好农民工基本文化需求的实现渠道、途径和方法，有针对性地测算和安排好公共财政保障的范围、内容、产品、项目和活动，建立稳定长效的经费投入机制。

四要加强部署、明确任务，切实把农民工纳入公益性文化单位的重要服务对象。面向农民工开展文化服务是各类公益性文化单位的重要工作，文化馆、博物馆、图书馆、美术馆、科技馆、纪念馆、工人文化宫、青少年宫等公共文化服务设施和爱国主义教育示范基地，要在满足农民工基本文化需求方面发挥主体和骨干作用，实现基本文化服务项目向农民工免费提供。要认真研究农民工文化需求特点和规律，不断改进服务方式、提高服务能力，为农民工提供形式多样的文化服务。

五要加强引导、整合力量，切实把农民工文化工作纳入城市社区文化建设和企业文化建设。城市社区和企业是农民工群体生活、工作的主要场所，做好农民工文化工作尤其需要发挥好城市社区和企业的重要作用。城市社区要充分考虑辖区内农民工的规模、特点和文化需求，鼓励和吸引农民工利用城市广场、公园开展歌舞、健身等文体活动，推动农民工逐步融入城市社区生活。当地政府和文化行政部门、工会、共青团等，要加强对企业农民工文化工作的指导，抓紧研究与社会、与企业共建农民工文化服务体系的长效机制，督促用工企业切实保障农民工文化权益。

六要因地制宜、厘清关系，切实把农民工文化工作纳入当地文化体制机制创新范畴。在围绕农民工文化工作深化体制机制创新方面，当地政府、文化行政部门和公益性文化单位，要注意处理好几个关系。一是要处理好原有公共文化服务设施网络与新区域新网点的关系。在原有公共文化设施比较缺乏而农民工大量集中就业和生活的新兴工业区域,迫切需要拾遗补阙地增加相应的公共文化配套设施,要因势利导地处理好原有机构与新设农民工文化服务点的关系,淡化"户籍"观念,深化"文化融入"理念,一视同仁地予以支持和保障。二是要处理好公益性文化单位原有服务与农民工文化新需求的关系。文化馆、图书馆、博物馆、美术馆等公益性文化单位的主要场地设施免费开放目前已基本形成相对稳定的常规服务方式,但是,农民工群体文化需求的时间、地点、内容、方式等具有自身特点,这就要求公益性文化事业单位要深入调查研究,有针对性地改进服务方式、内容和渠道,提供更适合农民工特点的文化服务。三是要处理好基本文化服务的提供与农民工自主参与和创造的关系。现行以"送文化"为主的服务方式,一定程度上缓解了农民工十分迫切的文化需求,但不利于提升农民工自身的文化创造和参与能力。应注重引导和扶持农民工自办文化,搭建农民工文化艺术才能交流展示平台,不断提升农民工文化自我服务、自主参与和自发创造的能力与水平。

147. 文化馆应如何为农民工提供文化服务?

答: 文化馆为农民工提供文化服务,应从以下几方面入手。

第一,结合文化馆免费开放,增设顺应和符合农民工需求的服务项目。文化馆在已设免费开放项目的基础上，要根据农民工的文化需求，增设专门为农民工提供服务的项目。如，北京市朝阳区文化馆早在2004年就在北京市率先推出了"民工影院"这一特色服务项目，此举受到农民工的欢迎。"民工影院"免费为外来务工人员进行首场放映时，很多农民工提前两个小时就在门口守候。此后，"民工影院"定期邀请农民工免费观影。为进一步扩大"民工影院"的服务辐射范围，针对那些路途较远的，或因赶工期无法进电影院的农民工，朝阳区文化馆又充分利用朝阳区电影发行放映公司的片库资源，整理了1 000余部影片拷贝，派遣流动放映队将好看的电影送到各个工地。许多文化馆以免费开放为契机，开办"打工学堂"，增设面向农民工免费开展各类文化艺术及实用技能培训的项目。为了使农民工能够走进文化馆，许多文化馆还特地为农民工延长免费开放时间。

第二，加大公共文化产品供给。文化馆应根据农民工的需要，积极开展送演出、送展览、送讲座活动，加大对广大农民工的文化产品供给。如，许多文化馆把演出、展览送到农民工集中的建筑工地。深圳市群众艺术馆走进企业和工地，面向农民工开展"深圳市新春关爱系列演出"，面向打工者密集的各大工业区举办流动展览、流动讲座。

第三，组织开展面向农民工的文化活动。文化馆要针对农民工的特点，策划和组织开展面向农民工的文化活动。深圳市群众艺术馆针对农民工举办"外来青工风采"摄影大赛。北京市朝阳区文化馆专门举办"外来务工歌手大赛"。杭州市上城区文化馆针对外来务工者来源广、分布散、流动快的情况,以街道和社区为联络单位,成立了上城区外来务工者俱乐部。除组建由省、市文艺界的专业人士组成的指导专家组,定期对俱乐部成员开展各类专业辅导和培训外,还组织俱乐部成员开展丰富多彩的文化活动。

第四,深入社区和企业,开展多种形式的文化服务。文化馆应深入社区和农民工集中的企业,和社区、企业密切合作,为农民工提供多种形式的文化服务。如,江苏省南通市崇川区文化馆把"群文流动大讲坛"送到社区,帮助和指导社区开展面向农民工的文化活动。江苏省靖江市文化馆为了丰富农民工文化生活,满足农民工精神需求,保障农民工的文化权益,工作人员深入企业,根据农民工特别是新生代农民工文化需求的新特点、新要求,在农民工集中的企业免费开展文化艺术辅导,并在此基础上,帮助13家企业成立了农民工合唱团,团员达到1 000多名,全年活动、演出50场次,极大地丰富了农民工的业余文化生活。江苏省常熟市文化馆与当地高新区IT电子信息产业的龙头企业达富电脑常熟有限公司合作,建立"达富电脑·常熟市文化馆文艺辅导基地",文化馆为企业农民工开展舞蹈、摄影、声乐等各个门类的艺术培训,并帮助企业培养文艺团队和优秀文艺骨干。

第五,为农民工中的文艺人才提供参与创造、展示才艺的平台。农民工既是文化的享有者、参与者,也是文化的创造者,文化馆应为农民工提供参与文化创造、展示文化才艺的平台。广东省东莞群众艺术馆一方面着重抓好新莞人文艺人才的培育环节，加大培训力度；另一方面，策划举办活动，锻造新莞人文艺才能。他们组织开展全市打工歌曲征集比赛、新莞人才艺大赛等吸引新莞人参加的各类文艺竞赛活动，积极鼓励具有文艺专长的新莞人参与"千场演出"进村（社区）、进企业活动，为新莞人展示才华提供平台。杭州市上城区文化馆连续举办"城市一家人"艺术节，艺术节的主题曲《城市一家亲》和《民工兄弟》，均由外来务工者自己演唱。整个艺术节，均让外来务工者成为演出主体。

第六，利用文化馆数字文化服务平台，为农民工提供数字文化服务。在现代信息社会，互联网越来越成为人们获取信息、丰富知识、掌握技能、提升自身综合素质的重要途径，农民工特别是新生代农民工也不例外。文化馆应利用已建的公共电子阅览室和文化馆网站，利用全国文化信息资源共享工程网站已经开设的面向农民工朋友的"进城务工"专栏和整合了家政物业、建筑装修、营销技能、美容保健等务工培训和实用技能以及法律维权方面的数字文化资源，为农民工提供数字文化服务。文化馆还应加强数字文化馆建设，通过数字文化馆，使农民工享受到更有针对性和更为丰富、优质的服务。

148. 公共图书馆的服务如何创新？

答：第一，拓展图书馆的功能。国际图联1975年在法国里昂举行的图书馆职能科学讨论会上，将图书馆的社会功能定为：保存人类文化遗产、开展社会教育、传递科学信息及开发智力资源。随着我国经济社会和文化事业的不断发展，公共图书馆的功能不断拓展，现代图书馆早已不是单一的文献服务机构，而是逐渐成为地区和城市的文化中心、社会教育中心、文献信息中心、知识交流中心、文化活动场所等。适应社会的发展和人民群众的需要，图书馆可以进一步丰富、拓展、完善自己的功能。杭州市图书馆在2014年8月举办的各种文化艺术阅读欣赏体验活动达100多项。

第二，创新事业发展模式。如广东省东莞图书馆探索"城市带动农村、中心引领基层"的区域图书馆整体协同发展之路，创立了总馆加分馆的事业发展模式。目前，全市已建立起以东莞图书馆为总馆，由1个总馆、48个分馆和102个图书流动车服务站组成的总分馆体系，实现了总分馆间文献通借通还，初步形成了市、镇、村公共图书馆三级服务网络。

第三，创新服务形式和服务内容。如，东莞图书馆按照"休闲、交互、求知"的办馆理念，以专题馆和特色馆建设为服务创新的重点，按照构建复合式馆藏格局的指导思想，一方面抓好主题文献建设，设立了"漫画图书馆"、"衣食住行图书馆"等10个馆中馆；另一方面抓好数字资源建设，提高全市文献信息服务保障能力，增强了图书馆的吸引力。东莞图书馆还通过举办读书节、动漫节、市民学堂、打工学堂等活动，开辟"市民空间"，举办讲座、场外互动等活动，拓展图书馆的服务面和服务空间。上海图书馆设立了"创新空间"，设置了"阅读区域"、"专利标准服务空间"、"IC共享空间"、"创意设计展览空间""全媒体交流体验空间"五大功能区域，以各类创新型活动项目为载体，以馆藏文献、数字技术、创新工具为支撑形成复合型学习空间，为创客提供服务。长沙市图书馆设立了"新三角创客空间"，为创客提供场地、工具、技术资料及交流展示平台，提供阅读书目推荐、文献检索和传递、信息咨询、项目跟踪、专利查新以及创意制作、创意培训、创意体验、创意展览等服务。

第四，提高服务的科技含量。东莞图书馆在发挥传统图书馆功能的基础上，创建了信息资源平台，以东莞数字图书馆、手机图书馆、东莞市民学习网以及全国文化信息资源共享工程为基础，精心打造数字阅读平台，不断拓宽市民阅读渠道，充分满足市民对数字阅读体验的期待。东莞市民只要在全市图书馆总分馆体系中任何一个成员馆办理读者证，就可以免费获得东莞数字图书馆的资源使用权限，大大提高了读者获取信息的便利性，实现了虚拟网络服务与实体阵地服务的有机结合，更好地发挥了图书馆应有的功能。

第五，利用科技创新提升图书馆的公共服务能力。2005年9月，东莞图书馆开设全国首家自助图书馆，使图书馆真正实现了365天天天开馆，24小时时时开放。2007年12月，东莞图书馆又推出全国第一家图书馆ATM（图书自助服务站）。每台图书馆ATM设备能容纳500—1 000册图书，读者自助操作，具有即借即还、即还即借功能。现代技术的利用，提高了图书馆的服务效能。浙江图书馆开通了"浙江文化通"，通过宣传屏、手机等智能终端，为公众提供文化资讯预告和数字阅读、图书查询等公益服务，形成手机终端、宣传屏、公共电子阅览室微门户"三位一体"的平台。

第六，针对特殊群体开展服务。如，东莞图书馆把农民工作为重要的服务对象，专门根据他们的需求开展阅读活动，设立"打工学堂"，开展公益讲座培训、技能培训。同时，做好面向老年人、未成年人和残障人士等其他弱势群体的公共服务，设置专门面对残障人士以及老年人、少年儿童的活动区域和服务项目。

149. 如何打造广场文艺演出品牌？

答：广场文艺演出是老百姓非常喜爱的一种文化活动形式。为了丰富人民群众文化生活，使公共文化惠及普通百姓，银川市文化艺术馆从 2007 年开始，精心组织开展玉皇阁广场文艺演出，使玉皇阁广场文艺演出成为银川乃至全国知名的免费开放服务品牌。他们一整套的经验和做法值得借鉴。

一是精选场地。银川市大大小小的广场很多。经过反复比较，最终，银川市文化艺术馆选定了玉皇阁广场。玉皇阁类似北京的钟鼓楼，是宁夏回族自治区文物保护单位。这里本身就具有文化气息和文化氛围。玉皇阁又位于银川市中心，本地人口和外来人口来此都比较方便，人群集聚度较高。玉皇阁前的广场面积有 2 000 多平方米，在此开展群众性文艺演出，既可以满足观众的需要，管理起来也比较方便。选定了玉皇阁广场作为开展群众文艺演出的场所后，为了使广场成为人民群众喜爱的文化乐园和文化空间，按照银川市文化广播电视局的要求，负责管理玉皇阁广场的银川市文物管理处对广场环境进一步进行了美化和绿化，使之更有文化品位，更为宜人。

二是明确宗旨。银川市文化艺术馆开展玉皇阁广场文艺演出有着明确的理念和宗旨，就是坚持"政府主导、社会参与、公益演出、群众受益"的原则，搭建属于老百姓自己的文化舞台，充分开发利用本地社会文化资源，调动民间文艺团队的积极性，激发人民群众的文化创造活力，让人民群众成为文化活动的主体，丰富人民群众的文化生活，保障人民群众的文化权益。他们提出的口号是："广场活动天天有，欢歌笑语大家乐"；"小广场，大舞台，玉皇阁每天都精彩"。

三是精心策划。考虑到银川的气候条件，在室外广场进行文艺演出的时间最好是在每年的4月到10月，银川市文化艺术馆就把玉皇阁广场文艺演出定在这个时间段。在长达6个月的时间里，每天晚上都要有演出，如果没有精心的策划，显然很难长久地吸引观众。银川市文化艺术馆从三个方面加强整体策划。①结合重大节日，突出不同时间段的不同演出主题。如结合清明节、"五一"国际劳动节、"六一"国际儿童节、"七一"节、"八一"建军节、教师节、重阳节、"十一"国庆节、中秋节等重大节日，不断推出主题鲜明、内容丰富、表演生动的演出活动。②设置不同形式的活动内容，充分激发社会力量和人民群众参与文化活动的热情。为了让人民群众广泛参与到活动中来，成为舞台演出的主角，银川市文化艺术馆精心策划和设置了"相约星期六——百姓大舞台"百姓之星才艺PK大赛、"我爱我家"家庭才艺大赛、"小明星"艺术大赛、银川市各行各业文艺演出、农民文艺团队演出、社区文艺团队演出、县区文艺专场演出等子项目。③吸引专业文艺团体参加演出，丰富广场文艺演出形式和内容。银川人爱看秦腔，银川市文化艺术馆就邀请宁夏秦腔剧团、新月秦腔剧团等在玉皇阁广场进行秦腔本戏《铡美案》《周仁回府》《金沙滩》《杨三姐告状》等剧目以及秦腔折子戏的演出。为了提高广场演出的水平和质量，银川市文化艺术馆除了组织馆办团队开展演出外，还邀请银川市艺术剧院、银梦艺术团、星梦艺术团等专业和准专业的团队进行演出。玉皇阁广场文艺演出的形式十分丰富，歌舞，戏剧，器乐，曲艺，杂技，魔术，可以说是应有尽有。每年的玉皇阁广场文艺演出均收到良好的社会效果。2011年的第八届玉皇阁广场文化活动从4月13日开始到10月15日结束，共演出188场，其中，参加演出的社会文艺团队40多支，参演人数达5 000余人，演出节目2 000多个，观众人数达50多万人。

四是完美实施。为了保证在长达6个月的时间里每一天的演出都能顺利进行，银川市文化艺术馆成立了演出组、灯光音响组、宣传组、后勤保障组，并实行项目负责制，由该馆活动部具体组织实施。他们在广场搭建了长15米、宽9.54米的舞台，准备了500张座椅，同时负责做好对每场演出的节目进行安排，印制节目单，以及相关的联络、现场安全及服务、会议记录和总结工作。玉皇阁广场文艺演出期间，值班人每天都填写日志，对演出单位、演员人数、节目数量、演出形式、主持人、工作人员、观众人数、演出效果、现场负责人、场内安全情况等进行记录。

五是形成机制。一个项目能够成为品牌，必须有完善的机制作保障。在长期的实践中，银川市文化艺术馆对玉皇阁广场文艺演出逐步建立和形成了一整套科学、合理、有效的工作机制，包括组织领导机制、经费保障机制、社会参与机制、文艺团队辅导机制、文艺团队星级评定机制、宣传推介机制、活动管理机制、表彰激励机制等。完善的机制不仅保证了活动健康、有序地开展，而且促进了广场文艺演出水平和观众素质的提高，达到了"繁荣群众文化，优化人文环境，培育文明之风，提高公民素质"的效果。如今，到玉皇阁广场看演出已经成为银川市许多市民的生活习惯和生活内容，许多观众自觉参与活动的现场管理和秩序的维护。

150. 如何创作和推广广场健身舞？

答：随着人民群众生活水平的不断提高和健康意识的增强，参与广场健身活动的人越来越多。为了满足人民群众的文化需求，银川市文化艺术馆积极开展广场民族健身舞的创作和推广活动。他们的做法是：

第一，充分利用地方特色文化资源，创作编排广场民族健身舞。针对老百姓迫切需要适合在广场跳的集艺术与健身于一体的健身舞的文化需求，银川市文化艺馆组织本馆的音乐舞蹈干部，充分挖掘、利用当地民族文化和特色文化资源，精心编创了回族、维吾尔族、藏族、蒙古族、汉族等18套具有各民族特色的广场民族健身舞，包括回族《纱巾舞》、维吾尔族舞《心情》、彝族舞《七月火把节》、藏族舞《套马杆》、藏族锅庄舞、拍打舞《凤凰城迎宾曲》、东北秧歌《手绢花》、扇子舞《热土欢歌》、长绸扇舞《中华情》、健身舞《运动节拍》《晨韵》《草原百灵》等。这18套广场民族健身舞富有民族特色，舞蹈节奏明快，音乐旋律优美，动作舒展大方，融艺术、健身、娱乐为一体，具有丰富生活、健身强体、陶冶情操的社会功能，一经推出，就深受银川市百姓的欢迎。特别是广场回族舞《踏歌起舞》，这是银川市文化艺术馆专业干部深入基层采风，以宁夏回族民间的传统体育和竞技项目回族踏脚为元素重新进行创排的大型广场舞蹈。踏脚作为非物质文化遗产项目起源于唐代中期，与家庭生活、社会交往、生产劳动紧密结合。以踏脚为元素创作编排的广场回族舞《踏歌起舞》，武、舞结合，音乐优美、欢快，动作刚劲有力，舒缓潇洒，极具艺术性和观赏性，既适合群众在广场集体跳，又适合在舞台表演，深受群众的喜爱。

第二，充分利用场地和人才优势，开展广场民族健身舞培训。银川市文化艺术馆利用馆培训教室和场地，面向全市文化馆（站）专业干部、15个健身点的骨干、社会文化辅导员、业余文艺团队骨干等，开展18套广场民族健身舞培训。他们在馆内共举办了6期培训班，培训学员200多人。此外，他们又选定银川市南门广场作为广场民族健身舞培训示范点，派出两位老师作为培训教师，特地购置了活动音响、电缆、音响手推车，并制作音乐和舞蹈光盘，供培训时使用。他们还派出辅导老师深入社区、农村、学校、机关、企业、军营免费发放广场民族健身舞培训教学光盘，同时开展广场民族健身舞培训活动。银川市文化艺术馆所培训的200名社会文化辅导员也本着"以点带面、辐射周边、包片辅导、活跃基层"的服务理念，深入银川市广场、农村、社区、学校进行包片辅导，将18套广场民族健身舞进行免费培训推广。单是在南门广场示范点，从2011年5月7日到10月31日，就举办广场民族健身舞培训169场次，培训群众40 000人次以上。2011年，全市累计发放广场民族健身舞教学光盘1 000份，培训群众10万余人次，使得广场民族健身舞在数10万名群众中得到普及。现在，不管是清晨还是晚上，在银川市大大小小的广场上，几乎随处可见人们学跳广场民族健身舞的身影。

第三，举办银川市"踏歌起舞·幸福银川"首届广场民族健身舞大赛，推动广场民族健身舞在全市进一步的普及与提高。为了使广场民族健身舞成为银川市文化活动品牌，增进各民族之间的文化交流与融合，进一步营造广场民族健身舞大家学、大家跳、大家乐的氛围，促进社会和谐，银川市文化广播电视局在2011年举办了"踏歌起舞·幸福银川"首届广场民族健身舞大赛，银川市文化艺术馆具体承办了这项活动。在初赛的基础上，他们选出15支队伍参加决赛。决赛在千人表演的回族纱巾舞中拉开帷幕。经过激烈的角逐，评出一等奖1个，二等奖3个,三等奖5个,优秀奖6个,组织奖4个,优秀辅导员19个。大赛有力地推动了广场民族健身舞在全市群众中的进一步普及与提高。现在,银川市广场民族健身舞培训声名远播,不仅宁夏各地派人学习广场民族健身舞,陕西等省份也邀请银川市文化艺术馆馆长季妍等前去开办培训讲座,并教授广场民族健身舞。随着广场民族健身舞培训的持续开展,有更多的群众加入到学跳广场健身舞的行列当中,尽情享受银川市文化艺术馆所创造的优质公共文化产品,充分沐浴文化的阳光,感受艺术的魅力,体验运动的快乐。

151. 为什么要建立公共文化服务指标体系?

答: 首先,建立科学合理的公共文化服务指标体系,有利于明确各个层面在公共文化服务中的责任。参与公共文化服务的既有政府文化行政管理部门,又有大量的公益性文化事业单位,还有各种非营利性文化组织、团体等。通过建立一系列的公共文化服务指标,可以将各方在公共文化服务体系建设中的责任量化、细化、标准化,从而促使各方更好地发挥作用。其次,建立科学合理的公共文化服务指标体系,有利于促进公共文化服务的规范化、制度化。要建立长效、畅通、便捷的公共文化产品和服务的供给机制,使更多公众受益,就必须设计科学、全面、具体的指标作为工作依据,从各个维度全面规范政府、公益性文化事业单位和其他社会组织的具体文化服务行为,并将这种规范通过制度加以固化,使公共文化服务有依据、有标准，避免公共文化服务体系建设因人而变。再次，建立科学合理的公共文化服务指标体系，有利于提高政府的公共文化服务水平。指标体系建设在促进政府加强公共文化服务职能的同时，也使政府推进公共文化服务工作有依据、有标准，从而避免了盲目性和随意性。

152. 如何建立公共文化服务指标体系？

答：指标是对事物某一方面的数量特征的描述和度量，是评价的具体依据。建立公共文化服务指标体系应遵循以下原则：①整体性。指标体系应全面反映公共文化服务情况，不能有遗漏，具体指标之间要相互衔接，在定义、口径范围、计算方法、计算时间和空间范围上相对统一。②重点性。要突出重点，体现公共文化服务的价值导向，选择关键性、代表性、重要性的要素进行评估。③可行性。尽量选取易采集、统计方便和具有可比性的指标。④公正性。不同地区在公共文化服务体系建设上存在较大差异，建立评估指标体系时要注意区别对待。⑤发展性。由于评估对象是变化和发展的，公共文化服务评估指标体系也应该是动态和敏感的，可以根据外部条件的变化及时进行调整和修正。⑥导向性。选择指标要考虑到公共文化服务的未来走向，力求使每个指标都能反映公共文化服务的发展轨迹和未来取向。⑦国际性。为促使公共文化服务与国际接轨，指标选取要适当借鉴国际上通行的一些方法。

153. 为什么要把了解群众的文化需求作为开展公共文化服务的前提？

答：所有的服务都应是针对需求而提供的。中国幅员辽阔，区域、群体的差异性很大。政府和公共文化事业机构可以通过调查以及发放调查问卷等形式，了解人民群众的文化需求。只有首先充分了解当地人民群众的文化需求，尊重老百姓的文化选择权，我们才有可能向群众提供他们所需要和乐于接受的公共文化服务。

154. 为什么必须建立公共文化服务需求反馈机制？

答：一方面，我们可以通过反馈的信息了解我们已经开展的公共文化服务的效果，及时调整公共文化服务的项目和内容，改进公共文化服务的水平和质量；另一方面，我们可以通过反馈的信息，增加和扩大新的公共文化服务项目和内容，使公共文化服务更有针对性，更有实效。建立公共文化服务需求反馈机制有助于提高公共文化服务的实际效能，使公共财政效益实现最大化。

155. 如何建立群众文化需求反馈机制？

答：建立群众文化需求反馈机制，可从以下几方面着手：

第一，拓宽群众文化需求征集和意见反馈渠道。通过走访了解、召开座谈会、发放调查表、设置意见箱、开设服务专线以及开通微博、微信以及开辟集信息发布、需求征集、意见反馈、在线互动为一体的公共文化服务网络互动平台，了解群众文化需求。

第二，对群众参与公共文化的数据和信息及时进行研判。动态采集群众参与公共文化活动的数据和信息并进行研判，分析群众的文化消费意愿、倾向和需求。

第三，吸纳多元主体参与公共文化建设。吸引企业、文化类社会组织、文化志愿者队伍和个人等多元力量广泛参与公共文化服务建设，使公共文化服务从前期规划、中期执行和后期考核都能融入群众意愿。

156. 为什么要建立公共文化服务绩效评估体系？

答：公共文化服务的绩效评估关系到公共文化服务部门管理与运作效率的核心问题，其重要作用不仅表现为提高公共服务质量与改善公共责任机制，同时也是公众表达利益和参与公共文化服务部门管理的重要途径和方法。公共文化部门的服务直接关系到公众的"文化权益"，因此建立有效的公共文化服务绩效评估体系，是保障公民文化权益的重要条件。

157. 如何完善公共文化服务绩效评价工作机制？

答：一要完善公共文化服务考核体系。建立健全政府、文化行政部门、公益性文化单位、重大文化项目工作考核机制。以效能为导向，制定政府公共文化服务考核指标，作为考核评价领导班子和领导干部政绩的重要内容，纳入科学发展考核体系。建立公共文化机构绩效考评制度，考评结果作为确定预算、收入分配与负责人奖惩的重要依据。加强对重大文化项目资金使用、实施效果、服务效能等方面的监督和评估。

二要建立和引入群众评价机制。完善公共文化服务质量监测体系，研究制定公众满意度指标，建立群众评价和反馈机制。将群众满意度作为公共文化服务评价体系中的重要指标，逐步建立"城乡居民公共文化满意度指数"，由第三方发布。

三要建立社会参与公共文化服务绩效考核机制。探索建立公共文化服务第三方评价机制，增强公共文化服务评价的客观性和科学性。

158. 如何加大财政对现代公共文化服务体系建设的投入？

答：一要加大财税支持力度。合理划分各级财政基本公共文化服务支出责任，建立健全公共文化服务财政保障机制，按照基本公共文化服务标准，切实保障提供基本公共文化产品和开展基本公共文化服务所必需的资金，保障公共文化服务体系建设和运行。二要进一步完善转移支付体制，加大中央财政和省级财政转移支付用于基本公共文化服务的规模，重点向革命老区、民族地区、边疆地区、贫困地区倾斜，着力支持农村和城市社区基层公共文化服务设施建设，保障基层城乡居民公平享有基本公共文化服务。

159. 为什么要第三方开展公众满意度测评？

答：中共中央办公厅、国务院办公厅印发的《关于加快构建现代公共文化服务体系的意见》要求"积极引入社会第三方开展公众满意度测评"。

第三方是被测评方的利益不相关方，既独立于政府，又独立于被评估对象和被评估对象的其他利益相关方，处于"旁观者"的超脱地位。同时，第三方还具有专业性、权威性特征。引入社会第三方开展公众满意度测评，是为了体现测评的独立性、专业性、权威性，保证测评结果的客观、公正、可信。

160. 如何提高第三方评估的公信力？

答：近年来，第三方评估得到广泛运用，包括对政府工作、政府政策的评估。2015年的《政府工作报告》更是明确肯定2014年政府工作"引入第三方评估和社会评价，建立长效机制，有力促进了各项工作"。随着第三方评估运用的日益广泛，提高第三方评估的公信力显得十分重要。

所谓第三方评估，是一种强调评估主体特征的评估形式。不论是进行绩效评估、专项评估、工作评估，还是进行满意度评估、信用评估、等级评估，都可以使用第三方评估的形式。比起传统的组织内部评估或自体评估，对公共组织进行第三方评估可以从根本上改变被评估方既当"运动员"又当"裁判员"的状况。第三方评估的优势、公信力来自评估主体独立、专业、权威的基本特征。"独立"是"第三方"最突出的特征，因而人们常常将"第三方"称作"独立第三方"。至于何为"第三方"，学界并没有统一的定论。有人认为，"第三方"是指既独立于被评估方也独立于被评估方上级的评估主体。有人认为，"第三方"是指独立于被评估方及被评估方服务对象的评估主体。还有人把"第三方"理解为既非决策者、又非执行者。总之，这个"第三方"一定是被评估方的利益不相关方，处于"旁观者"的超脱地位。这是保证评估客观、公正开展的前提。"专业"一方面是指具备评估所需的专业技术，另一方面是指深入了解被评估方工作的特点，掌握被评估方工作的核心信息。"权威"是指源于专业技术和工作业绩的使人信服的威望，只有在长期的评估工作中保持高质量工作业绩、获得公众信任，才能取得专业领域的权威地位。这几个特征缺一不可、彼此依托，是开展第三方评估的必备条件。

当前，公众对一些第三方评估的结论有所质疑，原因正在于其独立性、专业性、权威性有所缺失。首先，作为评估主体的"第三方"不够独立，影响其公信力。"第三方"的"独立"特性，是针对评估对象而言的，即应该是被评估对象的利益不相关方。如果"第三方"仅仅独立于政府，而不独立于被评估对象和被评估对象的其他利益相关方，就会影响其公信力。其次，专业性不足影响其公信力。评估是技术性非常强的专业工作。评估目的明确之后，需要建构评估指标体系、确定评估标准，还要制定评估实施方案，每一个环节都有很高的专业技术含量。专业不仅是指评估专家的水平，还包括能充分掌握评估对象的信息。实践中，一些评估没有获取被评估对象的真实数据，也不清楚被评估对象的实际工作方式方法，因而其评估结论很难说是科学的、客观的。最后，权威性不足影响其公信力。"第三方"的权威性一般是靠其专业实力在长期的评估工作中形成的。我国多数第三方评估机构成立的时间不长，可供圈点的业绩还不显著，社会信誉提升还需假以时日。

要提高第三方评估的公信力，当前主要有这样几条路径：一是营造有利于发展第三方评估的社会环境。这需要各部门、各单位加大信息公开力度。不仅政府部门要按照有关规定公开部门信息，其他社会公共组织也应及时公开本组织信息。二是尽快制定公布有关第三方评估的法规文件。主要是对第三方评估主体的资质、条件、评估范围、评估结果的使用等进行约束，指导并规范第三方评估的普遍开展。三是第三方评估主体需要不断提高专业水平。第三方评估还是一个新生事物，即便是专业评估组织也需要不断在评估实践中积累经验、提高评估能力，进而提高社会公信力。

161. 如何促进基本公共文化服务的标准化、均等化？

答：基本公共文化服务的标准化与均等化密不可分。基本公共文化服务均等化的一个重要前提，就是要有一个基本公共文化服务标准体系。标准化是实现均等化目标的手段。基本公共文化服务标准，是指在一定时期内为实现既定目标而对基本公共文化服务所制定的包括服务范围、服务项目、保障水平和服务质量的标准，以及技术和管理等相关规范。中国是一个大国，地域广阔，不同地区的经济社会发展水平、生活方式等差异较大，因此，基本公共文化服务标准应当有国家标准和地方标准两个层面，有国家强制性标准和地方选择性标准两个内容。国家制定统一的基本公共文化服务标准，地方在执行国家统一基本公共文化服务标准的基础上，可结合实际情况制定本地区的基本公共文化服务标准。同时，建立健全基本公共文化服务标准的动态调整机制。

162. 建立基本公共文化服务标准体系的重要意义是什么？

答： 党的十八届三中全会将"构建现代公共文化服务体系"作为全面深化改革的重要任务之一，明确提出要"建立公共文化服务体系建设协调机制，促进基本公共文化服务标准化、均等化"。均等化是基本公共文化服务发展的必然方向，标准化是推动均等化发展的重要路径。标准如同一把"尺子"，为各级政府提供基本公共文化服务确立了准绳。

建立基本公共文化服务标准体系的重要意义在于：①《标准》明确了政府公共文化服务的保障责任和保障底线，公开了政府对全体人民的公共文化服务承诺，也让人民群众直观全面地了解到自己的基本文化权益，形成了制度化的约束。②《标准》体现了"国家标准兜底线，地方标准促特色"的分级保障思路，既做到保证基本、统一规范，同时也体现出因地制宜、实事求是，保障公共文化服务发展共性与个性的有机统一，使公共文化服务更有针对性地满足当地人民群众的特色文化需求。③此外，《标准》提出建立基本公共文化服务标准动态调整机制，要根据经济社会发展变化，适时调整提高具体指标。这体现了立足当前、着眼长远，让人民群众共享发展成果的思路，让经济社会发展的成果能够及时惠及公共文化服务领域，不断提升群众文化权益的保障水平。

163. 如何建立基本公共文化服务标准体系，并推进落实？

答：基本公共文化服务标准体系包括基本公共文化服务保障标准、服务标准和考核评价标准。

国家已经颁布了《国家基本公共文化服务指导标准（2015—2020年）》。服务项目包括基本服务项目、硬件设施、人员配备。基本服务项目包括读书看报、收听广播、观看电视、观赏电影、送地方戏、设施开放、文体活动，其标准为：①公共图书馆（室）、文化馆（站）和村（社区）（村指行政村，下同）综合文化服务中心（含农家书屋）等配备图书、报刊和电子书刊，并免费提供借阅服务。②在城镇主要街道、公共场所、居民小区等人流密集地点设置阅报栏或电子阅报屏，提供时政、"三农"、科普、文化、生活等方面的信息服务。③为全民提供突发事件应急广播服务。④通过直播卫星提供不少于17套广播节目，通过无线模拟提供不少于6套广播节目，通过数字音频提供不少于15套广播节目。⑤通过直播卫星提供25套电视节目，通过地面数字电视提供不少于15套电视节目，未完成无线数字化转换的地区，提供不少于5套电视节目。⑥为农村群众提供数字电影放映服务，其中每年国产新片（院线上映不超过2年）比例不少于1/3。⑦为中小学生每学期提供2部爱国主义教育影片。⑧根据群众实际需求，采取政府采购等方式，为农村乡镇每年送戏曲等文艺演出。⑨公共图书馆、文化馆（站）、公共博物馆（非文物建筑及遗址类）、公共美术馆等公共文化设施免费开放，基本服务项目健全。⑩未成年人、老年人、现役军人、残疾人和低收入人群参观文物建筑及遗址类博物馆实行门票减免，文化遗产日免费参观。⑪城乡居民依托村（社区）综合文化服务中心、文体广场、公园、健身路径等公共设施就近方便参加各类文体活动。⑫各级文化馆（站）等开展文化艺术知识普及和培训，培养群众健康向上的文艺爱好。硬件设施包括文化设施、广电设施、体育设施、流动设施、辅助设施，其标准为：①县级以上（含县级，下同）在辖区内设立公共图书馆、文化馆，乡镇（街道）设置综合文化站，按照国家颁布的建设标准等进行规划建设。②公共博物馆、公共美术馆依据国家有关标准进行规划建设。③结合基层公共服务综合设施建设，整合闲置中小学校等资源，在村（社区）统筹建设综合文化服务中心，因地制宜配置文体器材。④县级以上设立广播电视播出机构和广播电视发射（监测）台，按照广播电视工程建设标准等进行建设。⑤县级以上设立公共体育场；乡镇（街道）和村（社区）配置群众体育活动器材设备，或纳入基层综合文化设施整合设置。⑥根据基层实际，为每个县配备用于图书借阅、文艺演出、电影放映等服务的流动文化车，开展流动文化服务。⑦各级公共文化设施为残疾人配备无障碍设施，有条件的配备安全检查设备。人员配备包括人员编制、业务培训，其标准为：①县级以上公共文化机构按照职能和当地人力资源社会保障、编办等部门核准的编制数配齐工作人员。②乡镇综合文化站每站配备有编制人员1至2人，规模较大的乡镇适当增加；村（社区）公共服务中心设有由政府购买的公益文化岗位。③县级以上公共文化机构从业人员每年参加脱产培训时间不少于15天，乡镇（街道）和村（社区）文化专兼职人员每年参加集中培训时间不少于5天。

国家基本公共文化服务指导标准是以人民群众基本文化需求为导向，围绕群众基本文化权益，根据国家经济发展水平和供给能力，根据国家基本公共文化服务的内容、种类，以及应具备的基本条件和保障责任而确立的指导全国的标准，是政府对人民群众的文化承诺。

《国家基本公共文化服务指导标准（2015—2020年）》是国家颁布的指导性标准。推进标准的落实要从以下几方面入手：

一是分级负责。各省、自治区、直辖市和新疆生产建设兵团要根据国家指导标准，结合当地群众需求、政府财政能力和文化特色，制定与本地经济社会发展水平相适应、具有地域特色、不低于国家基本标准的地方基本公共文化服务实施标准，形成国家指导标准与地方实施标准相衔接、既有基本共性又有特色个性的标准体系。国家基本公共文化服务指导标准从2015年起开始实施，各地要根据国家指导标准以及本地制定的实施标准,明确具体的落实措施、工作步骤和时间安排,确保标准实施工作科学、规范、有序开展。

二是以县为基本单位推进标准的落实。基本公共文化服务实施标准以县为基本单位推进落实。县级以上各级政府要按照标准科学测算所需经费,将基本公共文化服务保障资金纳入财政预算,落实保障当地常住人口享有基本公共文化服务所需资金。

三是中央和省级财政对老少边穷地区基本公共文化服务保障资金予以补助。中央和省级财政通过转移支付对老少边穷地区基本公共文化服务保障资金予以补助,同时,对绩效评价结果优良的地区予以奖励。县级以上各级政府安排资金,面向社会力量购买公共文化服务。

四是建立动态监测评价机制,加强对地方实施情况的督促检查。文化部、各省级文化行政部门要会同有关部门建立对标准实施情况的动态监测机制和绩效评价机制,加强督促检查。积极引入社会第三方开展公众满意度测评,对公众满意度较差的要进行通报批评,对好的做法和经验及时总结、推广。

164. 怎样理解新型城镇化与构建现代公共文化服务体系的关系?

答:第一,新型城镇化与现代公共文化服务体系建设均为历史发展的必然阶段。首先,新型城镇化与现代公共文化服务体系建设相伴而生,相伴而行。2012年

11月,党的十八大提出坚持走中国特色新型工业化、信息化、城镇化、农业现代化道路,一年之后,亦即2013年11月,党的十八届三中全会又提出构建现代公共文化服务体系。一年之差,这只是中央工作安排上的次序,并不说明新型城镇化建设和构建现代公共文化服务体系真的在起点上有时间前后的差异。事实上,这些年来,特别是进入"十一五"以来,公共文化服务体系建设和城镇化一直如影随形,相伴而行。城镇化进程加快的时期,也正是公共文化服务体系建设快速发展的时期。城镇化是现代化的必由之路。文化具有引领风尚、教育人民、服务社会、推动发展的功能,加强公共文化服务是现代化的重要内容,也是加快实现现代化的重要动力。新型城镇化的发展目标是,到2020年,城镇化水平和质量稳步提升,城镇化格局更加优化,城市发展模式科学合理,城市生活和谐宜人,城镇化体制机制不断完善。构建现代公共文化服务体系的目标是,到2020年,基本建成覆盖城乡、便捷高效、保基本、促公平的现代公共文化服务体系。新型城镇化和构建现代公共文化服务体系均为中国现代化建设历史发展的必然阶段,注定要相伴而行。其次,新型城镇化与现代公共文化服务体系建设均为促进社会全面进步的必然要求。全面实现小康和实现中华民族伟大复兴中国梦,意味着社会的全面进步。社会的全面进步必然要求经济发展,文化繁荣,民生改善,生活丰富。城镇化是保持经济持续健康发展的强大引擎,是加快产业结构转型升级的重要抓手,是解决农业农村农民问题的重要途径,是推动区域协调发展的有力支撑。

城镇化作为人类文明进步的产物，既能提高生产活动效率，又能富裕农民、造福人民，使人们的物质生活更加殷实充裕。而公共文化服务既能推动经济发展，又能使人们的精神生活更加丰富多彩。城镇化和构建现代公共文化服务体系都有助于繁荣城镇经济、完善城镇功能、提升生态环境质量，有助于逐步破除城乡二元体制、化解城市内部二元结构矛盾，让全体人民共享现代文明成果，有利于维护社会公平正义、消除社会风险隐患，全面提升人的生活质量，促进人的全面发展和社会和谐进步。再次，新型城镇化与现代公共文化服务体系均为国家现代化的标志。城镇化是伴随工业化发展、非农产业在城镇集聚、农村人口向城镇集中的自然历史过程，是人类社会发展的客观趋势，是国家现代化的重要标志。党的十八届三中全会提出"推进国家治理体系和治理能力现代化"全面深化改革总目标，在文化领域，则要推进国家文化治理体系和治理能力现代化。国家文化治理体系和治理能力现代化主要包括完善文化管理体制、健全现代文化市场体系、构建现代公共文化服务体系三个方面。因此说，现代公共文化服务体系同样也是国家现代化的标志。要建设富强、民主、文明、和谐的社会主义现代化国家，就必须走新型城镇化道路和构建现代公共文化服务体系。

第二，新型城镇化与构建现代公共文化服务体系有诸多契合之处。一是新型城镇化与构建现代公共文化服务体系同为国家发展重大战略。新型城镇化是国家发展的重大战略。为了坚持走中国特色新型城镇化道路，全面提高城镇化质量，明确未来城镇化的发展路径、主要目标和战略任务，统筹相关领域制度和政策创新，中共中央、国务院印发了指导全国城镇化健康发展的宏观性、战略性、基础性规划《国家新型城镇化规划（2014—2020年）》。构建现代公共文化服务体系则是国家文化发展的重大战略。为贯彻党的十八届三中全会审议通过的《中共中央关于全面深化改革若干重大问题的决定》的有关要求，加快构建现代公共文化服务体系，中共中央办公厅、国务院办公厅印发了《关于加快构建现代公共文化服务体系的意见》。新型城镇化与构建现代公共文化服务体系在国家发展中都具有重要地位。二是新型城镇化与现代公共文化服务体系在公共文化建设上的要求相共通。《国家新型城镇化规划（2014—2020年）》要求，新型城镇化要加强人文城市建设，发掘城市文化资源，强化文化传承创新，把城市建设成为历史底蕴厚重、时代特色鲜明的人文魅力空间。注重在旧城改造中保护历史文化遗产、民族文化风格和传统风貌，促进功能提升与文化文物保护相结合。注重在新城新区建设中融入传统文化元素，与原有城市自然人文特征相协调。加强历史文化名城名镇、历史文化街区、民族风情小镇文化资源挖掘和文化生态的整体保护，传承和弘扬优秀传统文化，推动地方特色文化发展，保存城市文化记忆。培育和践行社会主义核心价值观，加快完善文化管理体制和文化生产经营机制，建立健全现代公共文化服务体系、现代文化市场体系。鼓励城市文化多样化发展，促进传统文化与现代文化、本土文化与外来文化交融，形成多元开放的现代城市文化。《关于加快构建现代公共文化服务体系的意见》要求，促进城乡基本公共文化服务均等化。把城乡基本公共文化服务均等化纳入国民经济和社会发展总体规划及城乡规划。根据城镇化发展趋势和城乡常住人口变化，统筹城乡公共文化设施布局、服务提供、队伍建设、资金保障，均衡配置公共文化资源。并要求建立优秀传统文化传承和发展体系。新型城镇化与现代公共文化服务体系在公共文化建设上的要求相共通。三是新型城镇化的核心价值与现代公共文化服务体系的核心价值相一致。新型城镇化的核心是人的城镇化。构建现代公共文化服务体系的导向是"以人民为中心"。新型城镇化的核心价值与现代公共文化服务体系的核心价值都是以人为本，目的都是要促进人的全面发展和社会公平正义，使全体居民共享现代化建设成果，改善民生，增进人民群众的福祉。

第三，新型城镇化与构建现代公共文化服务体系相互影响，相互促进。一是新型城镇化是构建现代公共文化服务体系的重要背景。工业革命以来的经济社会发展史表明，一国要成功实现现代化，在工业化发展的同时，必须注重城镇化发展。当今中国，城镇化与工业化、信息化和农业现代化同步发展，是现代化建设的核心内容。目前我国常住人口城镇化率为53.7%，户籍人口城镇化率只有36%左右，不仅远低于发达国家80%的平均水平，也低于人均收入与我国相近的发展中国家60%的平均水平，还有较大的发展空间。按照《国家新型城镇化规划（2014—2020年）》的发展目标，到2020年，我国常住人口城镇化率将达到60%左右，户籍人口城镇化率将达到45%左右，户籍人口城镇化率与常住人口城镇化率差距缩小2个百分点左右，努力实现1亿左右农业转移人口和其他常住人口在城镇落户。《关于加快构建现代公共文化服务体系的意见》确定的主要目标是，到2020年，公共文化设施网络全面覆盖、互联互通，公共文化服务的内容和手段更加丰富，服务质量显著提升，公共文化管理、运行和保障机制进一步完善，政府、市场、社会共同参与公共文化服务体系建设的格局逐步形成，人民群众基本文化权益得到更好保障，基本公共文化服务均等化水平稳步提高。这就意味着，整体而言，构建现代公共文化服务体系将始终在新型城镇化的背景下进行，并将始终适应新型城镇化的发展。二是构建现代公共文化服务体系是新型城镇化的重要内容。新型城镇化要求完善基本公共服务体系。要根据城镇常住人口增长趋势和空间分布，统筹布局建设学校、医疗卫生机构、文化设施、体育场所等公共服务设施。加强公共文化、公共体育、就业服务、社保经办和便民利民服务设施建设。创新公共服务供给方式，引入市场机制，扩大政府购买服务规模，实现供给主体和方式多元化，根据经济社会发展状况和财力水平，逐步提高城镇居民基本公共服务水平，在学有所教、劳有所得、病有所医、老有所养、住有所居上持续取得新进展。新型城镇化还特别强调要建立健全现代公共文化服务体系。由此可见，构建现代公共文化服务体系是新型城镇化必不可少的重要内容。三是新型城镇化与构建现代公共文化服务体系相得益彰。

城镇化水平的持续提高，会使更多农民通过转移就业提高收入，通过转为市民享受更好的公共服务，从而使城镇消费群体不断扩大、消费结构不断升级、消费潜力不断释放，为公共文化服务和文化产业带来发展空间，同时，城镇化水平的持续提高，也会给城市基础设施、公共服务设施带来改善，从而使公共文化设施的布局更合理，更完善，为构建现代公共文化服务体系提供更好的物质条件。而构建现代公共文化服务体系，则会促进农民融入城市，促进人的城镇化，提高人的素质，有利于增强创新活力，驱动传统产业升级和新兴产业发展。新型城镇化与构建现代公共文化服务体系相互影响，相互促进，相得益彰。

165. 新型城镇化给构建现代公共文化服务体系带来哪些挑战？如何应对这些挑战？

答： 新型城镇化给构建现代公共文化服务体系带来诸多挑战。

第一，城市空间格局的不断变化带来的挑战。改革开放以来，伴随着工业化进程加速，我国城镇化经历了一个起点低、速度快的发展过程。1978—2013年，城镇常住人口从1.7亿人增加到7.3亿人，城镇化率从17.9%提升到53.7%，年均提高1.02个百分点；城市数量从193个增加到658个，建制镇数量从2 173个增加到20 113个。而在城镇化发展的过程中，自然村消失的速度也在不断加快。从2000年到现在，中国消失的自然村超过百万个。自然村的消失和城镇的扩大，不断改变着城镇的空间格局。以东莞市长安镇为例，长安镇位于东莞市最南端，东邻深圳市，南临珠江口，西连虎门港，区域面积98平方公里，下辖13个社区居委会。改革开放以来，长安镇从一个农业小镇迅速发展成为珠三角湾区的产业重镇，成为广东乃至全国镇域经济的排头兵，城镇化率目前已达到80%以上。截至2013年底，长安镇有外资企业1 309家，大中型民营企业1 400家，其中世界500强企业6家，产品涉及电子、机电、电脑资讯、五金、玩具、塑胶、鞋类、钟表等。世界上最大的玩具制造商——美泰玩具、全球最大的电子计算器及电子词典类产品制造商——金宝电子、全球前三大服务器电源和台式电脑电源供应器制造商——光宝电子、生产王老吉凉茶的加多宝饮料公司等著名的外资企业均在长安。城镇化的发展不断改变着长安镇的城市空间格局。长安镇目前的城市空间格局主要为镇中心区、13个社区以及大大小小的厂区。按照长安镇建设"现代制造名城，湾区创新都市"的发展定位，长安将在目前城市建设基础上进一步优化城市空间格局，打造"一中心三片区"的城市发展新格局（一中心就是中心都会区、三片区就是北部绿色生态区、南部现代制造区、湾区经济创新区）。中心都会区位于镇中心区，定位为全镇政治、经济、商贸和文化中心。北部绿色生态区位于莲湖路以北，定位为绿色、生态、休闲生活区。南部现代制造区位于S358省道以南，建安路以北，定位为先进制造与高科技产业集聚区。湾区经济创新区位于建安路以南，定位为战略性新兴产业区，发展生产性服务业和现代服务业。城市空间格局的不断变化自然给公共文化服务带来了挑战，公共文化设施和服务的空间布局必须不断适应这种变化而变化。

第二，服务人口的急剧增多和快速流动带来的挑战。城镇化是伴随工业化发展，非农产业在城镇集聚的过程，也是农村人口向城镇集中的自然历史过程。改革开放以来，中国的城镇化催生了京津冀、长江三角洲、珠江三角洲三大城市群，这三大城市群的面积只占国土面积的2.8%，却集聚了全国18%的人口，创造了36%的国内生产总值。长安镇地处珠三角前沿，随着工业化和城镇化的发展，来自全国各地的农村人口也迅速往这里集聚。东莞市长安镇目前户籍人口4万多人，外来人口63万多人，过去高峰时甚至超过100万人。这些外来人口素质参差不齐，有许多居无定所，而且流动性极大。城市的公共文化资源有限，外来人口的大量涌入、急剧增多带来了公共文化服务需求量成倍和十数倍的增大，而外来人口的快速流动又给公共文化服务的精准到位带来了极大的难度，这些都给公共文化服务带来了巨大的挑战。

第三，文化需求的多样化、差异化、个性化带来的挑战。城镇化带来的人口集聚，不仅使城镇人口的数量大幅度增加，而且使人口的结构变得更为复杂，从而，也使得公共文化服务的需求呈现出多样化、差异化、个性化。东莞市长安镇有67万常住人口，户籍人口4.6万多人，真正属于本土的长安人只有3万多人。本土的长安人有着自身的文化传统和文化喜好，他们对粤剧、醒狮有着浓烈的兴趣。而来自广东各地和全国各地的63万常住人口则因年龄不同、性别不同、家庭背景不同、所来自的地域不同、所接受的学历教育层次不同、所在的工厂不同、所在的岗位不同、所从事的工作不同以及个人的性格、追求、喜好、情趣、价值观念、思维方式不同,在公共文化服务的需求上显现出不同和差异。此外,城镇化进程中,就业方式、分配方式、生活方式的多样化也给人们的文化需求带来差异。比如,长安镇新生代产业工人的文化需求和长安本地居民以及上一代产业工人的文化需求就表现出明显的差异和不同。从需求的内容上,他们除了希望能够获得文化娱乐,还希望能够获得专业技能、专业知识、法律知识、城市生活知识等方面的培训;从需求的形式上,他们除了常见的电影、图书、文艺演出等,还希望有新颖、时尚、参与性强、能够表现他们创造力的活动;从需求的文化服务的功能上,他们除了希望能够获得愉悦,还希望能够得到心理慰藉、人文关怀,能够拓展他们社会交往的渠道,能够对他们的职业发展有帮助,增强他们对城市的认同感和归属感,增强他们在城市发展的能力和信心。文化需求的多样化、差异化、个性化同样给公共文化服务带来巨大的挑战。

第四,城乡、区域发展不均衡带来的挑战。近年来,在党中央、国务院高度重视下,我国公共文化建设投入稳步增长,覆盖城乡的公共文化服务设施网络基本建立,公共文化服务效能明显提高,人民群众精神文化生活不断改善,公共文化服务体系建设取得显著成效,呈现出整体推进、重点突破、全面提升的良好发展态势。但是,由于城乡二元体制,加上区域的不同情况,我国的公共文化服务城乡、区域发展不均衡。东莞市长安镇也存在这样的情况。总体而言，长安镇镇中心因为公共文化设施及服务资源集聚，公共文化服务水平较高，远离镇中心的社区公共文化服务水平相对较低；经济实力强、公共文化服务重视度高的社区公共文化服务水平较高，反之则较低；大型企业的公共文化服务水平较高，小型企业的公共文化服务水平相对较低；长安户籍人口享受的公共文化服务水平较高，外来人口享受的公共文化服务水平较低。城乡、区域发展不均衡给构建现代公共文化服务体系带来巨大的挑战。

要应对这些挑战，可以从以下几方面入手。

第一，加强对现代公共文化服务体系建设的顶层设计，实现现代公共文化服务体系建设科学发展。

第二，建立长效的公共文化服务体系建设协调机制，统筹推进公共文化服务均衡发展。

第三，建立和完善基本公共文化服务标准体系，促进公共文化服务均等化。

第四，进一步完善公共文化设施网络体系，提高服务效能。

第五，加大公共文化产品与服务供给，使供给和需求有效对接。

第六，吸引社会力量参与公共文化服务，推动公共文化服务社会化发展。

第七，培育文化非营利组织，进一步激发社会组织在公共文化服务中的活力。

第八，加强公共文化服务数字化建设，提升公共文化服务现代传播能力。

第九，大力推进文化志愿服务，打通公共文化服务"最后一公里"。

第十，完善公共文化服务绩效考核评价机制，保障现代公共文化服务体系建设长效发展。

166.如何"完善公共文化服务体系，提高服务效能"？

答：党的十八大报告要求"扎实推进社会主义文化强国建设"，并要求"完善公共文化服务体系，提高服务效能"。服务效能是指政府向公众提供公共服务的能力和水平。在西方公共管理理论和实践中，效能通常表述为"4E"——经济(Economy)、效率(Efficiency)、效益(Effectiveness)和公平(Equity)，即"用尽可能低的成本，做正确的事情，并且高效率完成"、"公共服务要均等化提供"。效能主要包括两个核心要素：一是"效"，即效率、效果和效益；二是"能"，即公共决策能力、资源配置能力、公众需求管理能力、服务供给能力、服务监管能力等。"能"是"效"的基础和支撑，"效"是"能"的导向和目标，是检验"能"的标准和尺度。要完善公共文化服务体系，提高服务效能，一是应进一步落实政府主导责任，强化经费、设施、人才、资源保障，加大建设力度，努力完善公共文化服务体系，形成基本的服务能力；二是应树立以效能为导向的公共文化服务体系建设理念，完善考核评价机制，把服务能力高效转化为服务效益；三是应兼顾文化公平正义，缩小公共文化服务区域差距、城乡差距、群体差距，促进公共文化服务均等化。

167. 为什么要建立公共文化服务体系建设协调机制？

答：长期以来，我国的公共文化服务体系建设存在着条块分割、交叉管理、系统壁垒、部门割据问题，导致有限的公共文化服务资金和资源分散，形不成合力。严重制约了服务效能的提升。党的十八届三中全会在部署构建现代公共文化服务体系时，首先就提出了"建立公共文化服务体系建设协调机制"的任务，体现了中央以全面深化体制机制改革为突破口，推动建设现代公共文化服务体系的思路。建立协调机制，本质上是对现有文化管理体制的改革，重点解决相关部门职能交叉、多头管理、重复建设、资源利用率低和服务效能不高的问题，目标是形成公共文化服务的全社会共建、共治、共享机制。

168. 如何推进公共文化服务体系建设协调机制的建立？

答：推进公共文化服务体系建设协调机制的建立，必须立足当前现代公共文化服务体系建设实际，完善党委领导、政府管理、部门协同、权责明确、统筹推进的公共文化服务体系建设管理制度。

第一，提高各级党委和政府对加快构建现代公共文化服务体系重要性的认识。各级党委和政府要把构建现代公共文化服务体系作为全面建成小康社会，推进国家治理体系和治理能力现代化的重要任务，将其纳入经济社会建设发展的总体规划，协调建立健全公共文化服务体系建设领导、组织、执行、督察、考评、奖惩等一系列制度，列入政府绩效考核和党政领导干部政绩考核体系中。

第二，充分发挥国家公共文化服务体系建设协调组的重要作用。由文化部门牵头，充分发挥政府各部门职能作用和资源优势，加强顶层设计，协调推进制定统一的公共文化服务体系专项规划、标准以及重大政策。

第三，完善现有的公共文化服务体系建设管理机制。在规划编制、政策衔接、标准制定和实施等方面加强统筹、整体设计、协调推进。加大项目资源整合力度，对已有重大文化惠民工程，统一规划，项目增量部分，在协调机制框架下予以安排。

第四，地方各级党委政府要根据实际，建立相应的协调机制。建立健全党委统一领导、党政齐抓共管、宣传部门组织协调、有关部门分工负责、社团组织和社会力量积极吸纳的工作体系和工作格局，破除部门壁垒，逐步建立起统一、高效、制度化的现代公共文化服务体系建设统筹协调机制。

169. 国家公共文化服务体系建设协调组由哪些部门组成？主要任务是什么？

答：国家公共文化服务体系建设协调组由文化部牵头成立，2014年3月19日在京召开第一次全体会议。

协调组目前有文化部、中宣部、中央编办、中央文明办、发展改革委、教育部、科技部、国家民委、民政部、财政部、人力资源和社会保障部、国土资源部、住房和城乡建设部、税务总局、质检总局、新闻出版广电总局、体育总局、国家文物局、国务院扶贫办、全国总工会、共青团中央、全国妇联、中国残联、中国科协、国家标准委等25个成员单位。协调组办公室设在文化部。协调组的主要任务是负责全国公共文化服务体系建设重大事项的协商和部署，具体工作主要有：①协调推进重大公共文化政策、规划的制定和实施；②协调推进基本公共文化服务标准的制定和实施；③协调建立稳定的公共文化服务投入保障机制；④统筹推进基层文化设施和文化项目的建设与管理；⑤协调推进公共文化服务重点惠民项目；⑥协调推进公共文化人才队伍建设；⑦建立健全基层公共文化服务体系监督评估机制；⑧统筹推进公共文化服务体系建设其他重大事项。

170. 如何实现基层公共文化服务资源的共建共享？

答：坚持共建共享是实现公共文化服务均等化、标准化的必然要求。应从以下三方面着手：

第一，建立公共文化服务体系建设协调机制。完善地方党委领导、政府管理、部门协同、权责明确、统筹推进的公共文化服务体系建设管理制度，在制度上保障基层公共文化服务资源共建共享。

第二，通过项目推进基层公共文化服务资源的共建共享。通过公共文化建设项目和文化惠民项目等推进基层公共文化服务资源的共建共享。

第三，探索整合基层公共文化服务资源的方式和途径。重点发挥试点的先行先试作用，统筹建设集宣传文化、党员教育、科技普及、普法教育、体育健身等多功能于一体的基层综合性公共文化服务中心。

171. 如何理解"将公共文化服务专业人才培养纳入国民教育体系"的重要意义？

答：中共中央办公厅、国务院办公厅在《关于加快构建现代公共文化服务体系的意见》中提出"将公共文化服务专业人才培养纳入国民教育体系"，意义重大。我国基层文化单位缺乏稳定的专业化队伍，人员年龄偏大，观念相对落后，知识结构陈旧，业务素质和能力难以适应新时期构建现代公共文化服务体系和文化改革发展的需要。将公共文化服务专业人才培养纳入国民教育体系既是当务之急，也是长久之计。在我国国民教育体系中，图书馆、博物馆等已经有相对成熟的学科体系，但是缺乏公共文化服务与管理的专业知识和专门人才。将公共文化服务专业人才培养纳入国民教育体系，实际上是要加强对公共文化服务的理论研究和人才培养，为公共文化服务事业发展提供理论支撑和人才保障。

从现状来看，全国高校中尚无公共文化服务专业的本科生和研究生专业，仅有个别院校设置了研究生培养方向。与公共文化相关的专业，主要集中在博物馆学、图书情报、艺术管理等专业。《意见》提出"将公共文化服务专业人才培养纳入国民教育体系",意味着高校可开设公共文化服务与管理专业,高校和科研院所可以设立公共文化服务研究基地,为各层次公共文化人才培养,开辟一个全新方向。

172. 如何建立健全公共文化服务法律体系?

答: 法制作为具有权威性、稳定性、强制性的社会规范,是实现文化建设科学发展的制度保障。十八届四中全会提出依法治国要立法先行,并将文化立法作为重点立法领域。完善的公共文化服务法律体系应形成以宪法为根本,以公共文化服务基本法律、专门法律和行政法规为主干,以地方性法规和行政规章为补充的完备的、与时俱进的现代公共文化服务法律体系。建立健全现代公共文化服务法律体系,应从以下方面着手:

第一,坚持正确的立法导向,以宪法为根本,坚持社会主义先进文化前进方向,以保障人民的基本文化权益为出发点和落脚点,遵循文化发展规律,科学立法、民主立法。

第二,积极推动《中华人民共和国公共文化服务保障法》早日出台。

第三,充分发挥国家公共文化服务体系建设协调组的作用,统筹推进《公共图书馆法》《古籍保护条例》《文化馆条例》等公共文化服务体系建设相关法律法规的立法进程。

第四，鼓励地方积极进行公共文化服务立法探索，加快制定地方性公共文化服务法律规范，并为国家文化立法提供借鉴和参考。

第五，加强公共文化服务立法与文化体制改革决策的衔接，主动适应经济社会发展的需要，适应文化体制改革深化发展的要求，坚持立改废释并举，做到重大文化改革于法有据。

173.什么是"网格化公共文化服务"？

答：网格化公共文化服务是江苏省张家港市在公共文化服务体系建设中探索出的成功经验。所谓"网格化公共文化服务"，就是将张家港市各村（社区）按照一定的标准再划分成为若干个文化服务网格，每个网格配备1名以上志愿者性质的网格文化员，每名网格文化员服务1 000名左右的网格群众，使网格成为政府公共文化服务的最基础层级，形成市、镇（区）、村（社区）、网格四级公共文化服务网络，把全市境内的所有人口均纳入公共文化服务体系的服务范畴，使全市所有群众都能享受到普惠、均等、便捷的公共文化服务。通过实施网格化公共文化服务，解决政府在村（社区）以下公共文化服务缺乏支撑层级问题和基层公共文化服务人员严重缺乏问题，使政府公共文化服务的职能能够在基层真正得到实现。

网格化公共文化服务体现了理念创新、机制创新、服务创新。

一是理念创新。通过增加文化网格这一县域公共文化服务体系层级,使公共文化服务进一步向基层延伸。通过建立文化志愿者性质的网格文化员队伍,增加基层公共文化服务人员总量,使公共文化服务实现对区域人口的全面覆盖。

二是机制创新。第一,以保证网格化公共文化服务长效开展为目的,建立了较为完善的政策保障机制。第二,以提供有针对性的公共文化产品与服务为目的,建立了群众文化需求反馈机制、文化产品配送和文化辅导机制,以及免费开放服务项目动态调整机制。第三,以丰富网格内群众文化生活为目的,建立了体系化群众文化活动带动机制。第四,以促进文化的繁荣发展为目的,建立了网格、村(社区)、镇、市四个层级之间文化联动和互动机制。第五,以促进文化网格和网格化公共文化服务健康发展为目的,建立了网格化公共文化服务评价机制。

三是服务创新。第一,以保障人民群众的文化知情权为出发点,提供全面、即时的资讯服务。每年编印《张家港市文化地图》,每季度编印一期《张家港市公共文化服务指南》,免费发放给群众。同时利用广播、电视、网络、图书流动车等载体,向社会公布各类公共文化资源信息。通过提高公共文化资源的群众知晓度,引导和帮助群众走进公益性文化设施,享受公共文化服务,参与公共文化活动。第二,以保障人民群众的文化选择权为出发点,提供"菜单式服务"。通过网格文化员及时了解、收集、汇总群众的意见、需求,及时向文化部门反馈。文化部门根据反馈情况，及时调整"送演"、"送书"、"送影"、"送展"、"送报"的内容和免费开放服务的项目，让群众切实享受到所需要的文化产品与服务。第三，以保障人民群众的文化享有权和参与权为出发点，提供富有吸引力的阵地服务。目前，张家港市超过600处公共文化设施基本做到"建设到位、管理到位、使用到位"，在免费开放项目的设置上力求做到新颖、独特、益智、有趣，具有较强的参与性。第四，以保障人民群众的文化享有权为出发点，提供便捷的数字化服务和图书服务。张家港市率先在全国实现文化信息资源共享工程全覆盖，创新建设"文化信息共享工程服务点、党员远程教育、农家书屋、村（社区）图书室、公共电子阅览室"等"五位一体"基层综合信息服务站。2015年1至5月，全市村（社区）文化信息资源共享工程累计向网格群众播放各类数字资源3 200多场次，受益群众5.2万人次。第五，以惠及全民为出发点，开展定向服务。针对农民工、大学生、老人、残疾人等不同群体需求，开展定向式文化服务。成功举办两届新市民才艺大赛，为广大新市民搭建了一个展示自我的舞台；大学生歌手大赛吸引了近千名本地大学生参加。市图书馆专门设立视障读者有声阅览室。市文化馆免费为新市民子女提供美术、书法、舞蹈、声乐表演、器乐等各类培训，累计培训超过2 000人次。据统计，实施网格化公共文化服务以来，全市开展定向式服务1 000多场，参与群众达3万人次。第六，以促进人的全面发展为出发点，开展导向性服务。充分发挥网格文化员身在基层群众当中的优势，积极引导群众走进各级各类文化设施，倡导各种健康有益的生活方式，发展文化志愿者，组建和培育群众文艺团队，引导群众文化消费，鼓励和支持群众自我娱乐、自我教育、自我服务、自我创造、自我实现，充分发挥人民群众在文化建设中的主体作用，促进人的全面发展。

174. 网格化公共文化服务的理论价值是什么？

答：网格化公共文化服务的立足点是以人为本。科学发展观是全面、协调、可持续的发展观，也是我国经济社会发展必须坚持的重大战略思想。科学发展观的核心是以人为本。以人为本，就是要以实现人的全面发展为目标，从人民群众的根本利益出发谋发展、促发展，不断满足人民群众日益增长的物质文化需要，切实保障人民群众的经济、政治和文化权益，让发展的成果惠及全体人民。以人为本，其实质就是以最广大人民群众的根本利益为本。文化权利是公民的一项重要权利。它直接关系着人的生活质量和幸福指数。张家港市探索实施网格化公共文化服务，其理论的立足点就是以人为本。通过创立网格化公共文化服务模式，强化了公共文化服务体系中"人"的要素，抓住了公共文化体系建设"最后一公里"，使政府公共文化服务的触角进一步向基层延伸，有效促进了公共文化服务均等化，初步解决了公共文化服务体系建设中的两个重要问题，即效率和公平问题，改善了文化民生，扩大了文化民主，切实保障了人民群众的基本文化权益。正是因为坚持和体现了以人为本，网格化公共文化服务一经推开，立刻受到了人民群众，特别是基层百姓的普遍欢迎。

网格化公共文化服务的核心要义是服务。社会管理领域中探索实行的网格化管理，其动机和目的主要是管理，而张家港开展的网格化公共文化服务，其核心要义则是服务，一切围绕服务，一切体现服务，一切落实服务。他们明确，政府是公共文化服务的主要提供者，公共文化服务的对象为全体社会大众。为了提高服务的针对性和有效性，他们建立了群众文化需求反馈机制，通过网格文化员和其他途径，及时了解人民群众对公共文化产品和公共文化服务的需求。为了使公共文化服务真正能够抵达人心，造福民众，他们积极创新服务内容、服务形式和服务手段。2012年，张家港市精心设计并组织开展"幸福港城"体系化群众活动，活动包括10多个子项目。"幸福港城"体系化文化活动贯穿全年，极大地带动了全市各个网格文化活动的开展，丰富了网格内群众文化生活。

网格化公共文化服务的出发点和目标是全民共建、全民共享。社会主义文化发展的根本目的是为了人民，人民群众共建共享是社会主义文化的一个重要特征。张家港市坚持把人民群众作为文化建设的重要依靠力量，做到文化发展为了人民、文化发展依靠人民、文化发展成果由人民共享。他们把公共文化的全民共建、全民共享作为网格化公共文化服务的出发点和目标。在政府主导的前提下，他们积极鼓励和吸引社会力量参与。他们先后制定和出台了《关于张家港市开展"网格化公共文化服务"的实施意见》《关于进一步加强"十二五"公共文化服务体系建设的意见》《关于张家港市深入推进文化民生工程的实施意见》《张家港市网格文化员管理办法（试行）》《关于印发＜张家港市群众文艺团队和民营文艺表演团队扶持奖励办法（暂行）＞的通知》《关于印发＜张家港市2012年"幸福港城"网格化公共文化服务活动实施方案＞的通知》《张家港市网格化公共文化服务测评指标体系（暂行）》等一系列政策和文件，从制度上支撑和保障文化的全民共建、全民共享。他们组建和培育起一支总数达1 000多人的网格文化员队伍，让人民群众直接参与公共文化服务。他们积极引导企业和个人兴办公共文化设施，生产公共文化产品，参与提供公共文化服务。他们不断加大对群众文艺创作和群众文艺团队的扶持力度，让人民群众成为文化活动和文艺舞台的主角，让人民群众成为文艺作品表现的主要对象和文化创造的主体。他们不断激发人民群众的文化创造活力，让人民群众尽情享受文化建设的成果和文化创造的快乐。网格化公共文化服务实施以来，公共文化设施的利用率大幅度提高。2012年1至6月，张家港市图书馆、博物馆、文化馆、美术馆共接待群众103.2万人次，同比增长21%，各镇文化服务中心接待群众45.6万人次，同比增长13%。半年多时间，张家港市群众文艺团队新增194支，总数达到339支。群众对文化活动的参与度也大幅提高。半年时间，全市网格化群众文化活动就达5 000多场次，参与群众突破400万人次。网格化公共文化服务有效发动了人民群众对公共文化的参与，增强了公共文化服务的活力，实现了全民共建、全民共享，促进了公共文化服务均等化，促进了人的全面发展。

网格化公共文化服务模式是张家港市对全国公共文化服务体系建设所作出的巨大贡献。它的一整套做法不仅可以为东部发达地区和各地城市直接拿来所有，其中蕴含的理论价值同样值得全国各地学习和借鉴。

175. 什么是文化协同创新？

答：所谓文化协同创新是指围绕文化创新的目标，联合文化创新的主体，汇聚文化创新的资源和要素，通过突破创新主体间部门、行业、系统、领域、地域等壁垒，实现互相配合、互相补充、互相协助、互相合作，共同推动文化创新。探索建立文化协同创新机制既是文化创新的具体实践，又是推动文化创新的重要手段。江苏省张家港市从2004年举办"（张家港）长江文化艺术展示周"起，就开始了跨区域整合、利用长江流域文化资源，协同创新长江文化的尝试。此后，张家港市秉持着跨部门、跨领域、跨系统整合和优化配置设施、产品、队伍、服务等公共文化资源，促进基层公共文化资源统筹规划、整体建设、共建共享、协调运营的理念，一直做着文化协同创新的探索和努力，"网格化公共文化服务"的开展，"书香城市建设指标体系"的提出和"书香城市"的建设，协同创新的尝试给张家港的文化发展注入了强大的生机和活力。

176. 无锡新区图书馆建设与服务外包的做法和经验是什么?

答：2010 年,无锡新区在全国首个尝试以政府购买公共服务的形式,通过公开招标,将无锡新区公共图书馆的建设、管理、运行和服务外包给艾迪讯电子科技(无锡)有限公司,彻底改变了过去完全由政府直接兴办公共图书馆的做法,鼓励和支持文化企业参与公共文化服务,创新了政府在图书馆领域提供公共文化服务的模式,开拓了高新区公共图书馆建设和服务的新路。2012 年 5 月 29 日,文化部创新奖评审委员会办公室公示,无锡新区申报的"公共图书馆数字化建设与创新管理"项目获得第四届文化部创新奖。其具体做法有以下几个方面：

第一,通过公开招标的形式精心遴选专业公司。通过公开招标,无锡新区选定了在图书馆建设、管理和服务方面具有很强的专业能力的艾迪讯电子科技（无锡）有限公司,并与艾迪讯电子科技（无锡）有限公司签订《无锡新区图书馆项目服务外包合约》。合约中对乙方的工作内容、工作进度、工作目标作了详细的规定。工作内容和要实现的工作目标以公共文化服务体系的公益性、基本性、均等性、便利性为原则,以文化部《关于县市级图书馆评估标准细则》中一级馆定级标准所涉及的各方面内容为依据。合约中规定的服务内容主要有：①加强管理,做好日常运行服务工作；②优化资源配置,努力提高纸质书刊和数字资源的质量；③充分利用现有资源,主动服务读者,努力提高服务水平；④加强培训,培养符合新时期新型图书馆要求的从业人员；⑤加快网络化、数字化建设，提高图书馆现代化服务水平；⑥营造良好的阅读环境，培育浓厚的文化氛围。服务目标为：①年外借总量达到6万册次，力争达到10万册次；②做到全年无休，每周开馆时间达到60小时，力争达到80小时；③年到馆人数达到6万人次，力争超过12万人次；④图书达到全开架，色标和上架错误率在5%以内，力争在2%以内；⑤保障单独的残障人阅览室坚持开放；保证持续为政府决策机构提供决策资讯服务；保证持续为园区和社区读者提供竞争情报分析等服务；⑥年讲座、报告总数在20次以上；图书馆社会培训在8期以上；组织图书馆业务人员专业培训30小时以上；馆员深入基层辅导和帮扶分馆或者特殊读者超过10次；⑦精心策划图书馆正式开馆仪式及开展相应的系列活动；⑧达到《新区数字图书馆建设方案规划建议》中实现的目标以及文化部《关于县市级图书馆评估标准细则》一级馆定级标准。合同的有效期限为一年，合同期满经双方协商一致可以续签合同。

第二，对无锡新区图书馆进行科学设计。接受政府委托的艾迪讯电子科技（无锡）有限公司考察了国内外多家重要图书馆，在充分把握图书馆发展方向的基础上，按照国家一级图书馆的标准，结合无锡新区的特点和实际，以"馆藏虚实结合"为原则，充分利用先进的web2.0技术、3G通讯技术、移动信息采集技术和物联网技术，对无锡新区图书馆进行了科学设计。新区图书馆采用实体图书馆和数字图书馆相结合的方式。实体图书馆面积2500平米，应用RFID技术实现自助借还书服务、24小时自助还书服务、图书自助杀菌、自动分检服务。新区图书馆还运用先进的web2.0技术、3G通讯技术、移动信息采集技术和物联网技术，为读者打造了个性化的网络虚拟数字图书馆。图书馆依托互联网通过计算机、手机、E-Book等终端向读者提供随身、随时、随地的阅读和资讯服务，实现对区域内所有人群的全覆盖。目前，无锡新区图书馆已经建设的纸质图书约2.6万种、纸质期刊约300种、纸质报纸100种，同时还有针对性地建设数量众多品种丰富的数字资源，目前已经建设完成的数字资源包括《中华数字书苑》《读秀》《龙源电子期刊》《维普学术期刊数据库》《维普职业考试库》《EMIS经济数据库》《书香中国社区教育视频库》《公元摄影图片库》《高教社职业远程教育平台》《网上报告厅》等，共计电子图书110万种、学术电子期刊11万种、实时电子报纸400余种、5 000多种长达100万分钟的视频资料、3 000种外文电子图书、45门远程职业教育课程以及4万多套各种职业资格和国家考试题库，供新区读者在家或者工作地点实现足不出户的使用新区图书馆的数字资源。

第三，为读者提供全方位、全流程、全天候、多样化的服务。一是构建一流阅读环境。新区图书馆在内部设计上突破了传统的藏、借、阅的三大区划，采用国际流行的现代化布局、流线明晰、灵活隔断、富于变化的开放空间，以求营造温馨舒适的阅读环境。馆内设有传统阅读区、自由阅读区、视障阅读区、组团式阅读区、半敞开式阅读区、少儿阅读区、听阅读区和讨论室、视听室以及自助还书区等多项阅读区，可满足不同读者的多种需要。没有注册的市民也只需持二代身份证就可进入图书馆免费阅读。二是新区图书馆采用图书馆自动化集成系统，配备了国内一流的现代化设施，提供贴心、便捷的服务。图书馆配有 4 台电子阅读器，电子阅报器拥有超大液晶显示屏，所有标题在导航页上分页排列，只要轻轻点击屏幕就可以看到种类丰富的报纸和期刊。视听区域放置舒软的球型视听椅，每张视听椅都配有相应的视听设备，且自成一体。视听设备存储有丰富的视听资源，包括各类视频、音乐等。在视障阅览室里设置了弱视扩视仪、盲文点显器、人声读屏电脑，方便视觉有缺陷的读者学习知识。为了节约读者的时间，图书馆配有"自助借还书机"，读者可凭借阅卡或身份证进行借还书操作，整个借还书过程不超过 30 秒。为方便读者还书，在大厦一楼安装了 24 小时自助还书机，读者可以不受闭馆影响，及时返还所借书籍。

第四，建设"永不关闭"的数字图书馆。市民只要用二代身份证进行免费注册，只要在有网络覆盖的场所，用电脑、手机、电子书、ipad 等登录网上图书馆后就可以进行浏览阅读。此外，新区图书馆还在新区各分馆及社区设立数字图书馆基层服务点，方便市民随时随地共享数字资源。新区图书馆建设了新区图书馆园区分馆、企业分馆、武警边检站数字分馆。在加强分馆建设的基础上，加大基层服务点建设，开通无锡新区图书馆数字资源使用单位，全方位覆盖新区各基层单位，包括教育单位8个、街道文化站6个、社区文化活动室60个。

第五,走出去开展服务。无锡新区图书馆馆员走出馆舍,主动将服务送至读者身边。新区图书馆馆员主动与机关、社区、街道、学校、企业等进行接洽,通过走访,深入了解不同群体对图书馆的需求,为企业、社区、园区、政府机构、学校等读者办理注册登记。

第六,围绕阅读开展丰富多彩的活动。新区图书馆围绕阅读,因地制宜,举办各种丰富多彩的读者活动,包括讲座报告、教育培训、弱势群体服务、少儿老年活动、特色读者活动、语言沙龙等10个类别,将更多的读者"请进来"。举办"重拾书本,让读书成为我们的习惯"主题活动、红色主题书展活动及读者征文、亲子阅读、残疾人公益服务、教育培训视频讲座、电影放映等活动,特别是邀请在中国图书馆界有着崇高声望和地位的李华伟博士来馆作"美国图书馆联盟的发展历程"学术报告会。这些措施,极大地丰富了图书馆的服务内容,扩大了图书馆的服务范畴。

第七,突出对社区、企业开展服务。图书馆坚持"图书馆服务与社区服务结合",不仅在图书馆建筑实体内为读者提供服务,还和新区各街道社区的文化站、图书馆一起开展公共文化进社区服务,为新区各社区图书馆统一建设图书馆自动化系统并将数字资源免费推送到社区内,还结合社区实际开展了"公共文化走进养老院(福利院)"、"公共文化送进家门"等活动,并为社区里老年人、残疾人和其他行动不便的人员提供汉王电子书。图书馆还坚持"市民服务与企业服务结合",开设了15

条高速 VPN 的专线为使用专线客户提供和新区图书馆内一样的专业数字资源服务。围绕企业科研、市场等工作方向，新区图书馆建设了包括学术期刊、经济数据库、国家统计资料、法律法规库、工具书数据库等资源，并新进教育部高等教育出版社远程高等职业教育平台以及各种国家职业资格考试、公务员考试等考试题库，面向广大企业职工提供服务。

无锡新区图书馆建设和服务外包的实践有诸多创新点。一是创造了全新的建设模式。无锡新区图书馆改变了传统的公共图书馆建设、管理和运行模式，通过政府购买公共服务，由无锡新区委托图书馆领域的专业公司，对无锡新区图书馆进行设计、建设、管理、运营并向社会提供服务。二是创造了全新的管理体制。无锡新区图书馆除新区管委会委派馆长之外，其他图书馆工作人员乃至物业、保洁等各项工作亦都使用服务外包形式管理。这是国内地方政府首次将公共图书馆全部业务进行服务外包，既大大节约了政府的人力支出，又解决了公共图书馆可持续发展的问题。三是创新了阅读方式。无锡新区图书馆建设的跨平台阅读方式，使读者既可以到实体图书馆阅读，也可以通过手机、电子书、电脑等方式阅读图书馆提供的电子图书、电子期刊、电子报纸。新区图书馆还率先借助无锡这座"中国物联网之城"采用的先进的 RFID 技术实现了图书馆的业务无人化、自助化。读者在新区图书馆既可以享受到传统的文化服务又可以尝试到各种新技术带来的新的阅读体验。四是创新了服务模式。无锡新区图书馆将实体服务与网络服务相结合，馆内服务与馆外服务相结合，普遍化服务与个性化服务相结合，静态化服务与动态化服务相结合，一般化服务与特色化服务相结合，大大提高了服务效果。新区图书馆通过提供图书馆技术服务、共建文献服务、电子书上门服务等形式将送到社区、企业，送到千家万户。新区图书馆与企业和园区合作建设分馆，依托网络技术建立虚拟专网针对企业和员工提供专业学术情报服务、商业经济数据服务、职业教育服务。新区图书馆还计划针对政府、企业以及园区增设社情汇总、商业资讯月报、竞争情报服务等新服务项目。

177. 如何向社会推介公益文化项目，吸引社会力量参与公共文化服务？

答：政府和文化部门可以通过举办公益文化项目推介会，向社会公开推介公益文化项目，吸引社会力量和社会资本参与公共文化服务。在具体做法上，首先，对当地所要举办的公益性文化项目进行细致梳理，分门别类，再将每个项目的内容、形式、规模、预期效果、所需经费一一列清楚，然后，通过举办公益文化项目推介会、发放推介书，以及利用媒体进行宣传，广泛动员和吸引社会力量认购项目或参与项目合作。企业可出资直接认购项目的主办权，也可买断项目的冠名权，还可以其他合作形式共同主办项目。

178. 如何组织开展"群文流动大讲坛"活动?

答：根据文化馆服务的特点和基层渴望文化馆提供灵活的有针对性的指导的需求，江苏省南通市崇川区文化馆从2010年起创意并实施"群文流动大讲坛"项目。他们充分发挥该馆群文干部业务特长，在认真调研的基础上，根据街道、社区群众需要，精心设计讲课内容，创新讲课形式，走出文化馆，走进街道、社区，为广大人民群众提供流动讲座服务，收到了良好的服务效果。他们的具体做法有以下几方面：

一是制定并实行《崇川区文化馆业务干部下基层管理办法》，并建立"群文流动大讲坛"服务效果反馈机制。制度规定，文化馆每位业务干部都有相应的挂钩街道、社区、团队，举办讲坛和下基层情况每月汇总一次，直接报主管部门。文化馆每月总结上月工作得失，调整工作思路。每人工作实绩与年终考评挂钩。这不仅调动了文化馆业务人员的工作积极性，也为每次讲坛活动较好地开展提供了制度保障。

二是整合辖区人才资源，形成一支具有较高水平的"群文流动大讲坛"主讲队伍。文化馆根据社区群众的文化需求，一方面发挥单位人才优势，另一方面整合社会资源，组成由文化馆专业干部、有特长的团队骨干、社会上热心公益的文化专家等组成的讲坛主讲队伍。

三是责任到人，提出明确要求，制订完整的教学计划。"群文流动大讲坛"实行专人负责制，文化馆安排专人负责管理，负责课程的编排和活动的验收。讲坛举办之前，先作充分的调研，在此基础上，根据群众要求制订完整的教学计划，保证课程内容切实符合基层群众的需求。

四是丰富课程内容，扩大服务范围。"群文流动大讲坛"充分体现讲坛的灵活性、流动性、生动性，不断丰富讲坛的内容。讲座内容不仅有摄影、音乐、舞蹈、合唱等，还有集邮、收藏、瑜伽等。"群文流动大讲坛"不仅走进街道、走进社区，还深入到学校、企业、部队和机关，真正做到了把服务送到群众身边，将服务落到实处。

179. 成都市文化馆建立的"金字塔形"四级辅导模式是什么？

答：成都市文化馆探索联动机制，建立了"金字塔形"四级辅导模式，即：以150名各类艺术院校专业教师、专业院团骨干演员和成都市文化馆专职辅导干部共同组成市级骨干群众文艺专家辅导队伍；整合各区（市）县各文化馆群众文艺辅导资源及社会优秀艺术人才，对各区（市）县933名辅导员进行登记造册，形成二级辅导梯队；在此基础上，对街道（乡镇）3 799名辅导员进行登记，形成第三级辅导梯队；对社区（村）8 475名辅导员进行统筹指导。全市群众文艺辅导员超过1.2万人。

180. 上海浦东新区推动公共文化服务社会化发展的做法和经验是什么?

答: 上海浦东新区针对新区实际,积极推动公共文化服务社会化发展,增加区域内公共文化服务的总量,提高公共文化产品的质量,满足了市民多样化的文化需求,取得了可喜的成效。他们的做法具有这样几个特点:

一是起步早。"因改革而生,因改革而兴,以改革为己任"的浦东,一直把推动公共文化服务社会化发展作为满足人民群众多样化文化需求的重要手段。2002年即设立"浦东宣传文化发展基金",每年投入约8 000万,其中有相当一部分用于支持社会力量参与公共文化建设。2004年,在国内最早探索所有权和经营权分离,通过全国招标的方式,最终委托由保利文化与上海文新报业共同组建的管理公司来运营由市区两级政府共同投资10.8亿元建成的"东方文化艺术中心"。

二是手段多。①鼓励社会力量兴办美术馆、博物馆、画廊等文化设施;②对社会力量举办公益性文化服务给予项目资助;③引进社会力量对公共文化设施进行专业化管理和运营;④积极培育民办非企业机构,并通过委托经营、合作共管、购买服务等方式鼓励其参与公共文化建设与公共文化服务;⑤在浦东文化馆等公共文化场所试点推广小剧场空闲期间社会化运作。

三是品位高。浦东社会力量所提供的公共文化产品与服务总体质量和品位较高,侧重满足的是较为高端群体的需求,并对群众的文化消费需求形成积极的影响和引导。比如，以东方艺术中心为依托实施的"高雅艺术走进百姓"项目引导人们走进高雅艺术；龙美术馆所提供的高水准的传统艺术、红色经典和当代艺术藏品展览；震旦博物馆所提供的数千件佛像、玉器、陶瓷珍品展览；上海翡翠画廊所经营和展出的从印象派到波普艺术大师的珍品，以及优秀的当代艺术家的作品，让人们得到高层次的艺术享受。"浦东宣传文化发展基金"所资助的"桃李杯"国际标准舞大赛、上海简单生活节、上海夏季音乐节、爵士上海音乐节、上海世界音乐季等，以及和社会力量合作推出的多媒体舞台剧、时尚话剧、艺术电影等多种文化活动，提升了人们的审美品位和精神生活质量。

四是成效大。东方艺术中心每年举行高雅文艺演出500多场，观众达52万人次。三林世博家园文化中心由"屋里厢"民非机构来运营管理，人气很旺，效果很好。"浦东宣传文化发展基金"在2013年投入7 400多万元，资助了98个项目，撬动社会资金5个多亿。2014年投入8 200多万元，有97个项目获得资助资格。在政府培育下，浦东全区登记在册的区级文化类社会团体和民办非企业机构达到了76家。

五是有机制。①完善和细化了基金管理办法；②对社会力量参与公共文化服务项目开展社会第三方效能评估等。

181. 成都市开展文化志愿服务的做法是什么？

答：文化志愿者是公共文化服务的生力军，志愿者服务是公共文化服务工作的主要抓手，也是人们认知、参与、享受公共文化服务的最佳载体之一。四川省成都市文化主管部门和职能单位将文化志愿者工作作为公共文化服务体系建设重要组成部分，以创新开拓精神推动成都市文化志愿服务全域覆盖。

成都市文化馆、成都市文化志愿者协会开展文化志愿服务的做法主要体现在"四个创新"、"十项推进"。

"四个创新"即：

组织机制创新——形成各类社会单位共同参与的文化志愿者组织形态。成都市文化志愿者协会由成都市文化馆发起，成都画院、成都图书馆、成都市川剧院、武侯祠博物馆、杜甫草堂博物馆、成都理工大学、成都大学、区（市）县文化职能单位等51家单位共同筹建，2012年6月正式成立，机构设在成都市文化馆。成都市文化馆全面负责文化志愿者的总体组织、策划、实施和运行，负责成都市文化志愿者协会总会的工作，建立市级文化志愿者服务队伍；帮助文博、演艺专业艺术单位、社会组织以及成都理工大学、四川旅游学院等高校，建立各具特色的志愿者服务队伍；指导区（市）县组建成都市文化志愿者协会分会，发展区级文化志愿者服务支队。目前，成都市文化志愿者协会55家成员单位的1.6万多名志愿者层层分布在全市318个街道、乡镇。文化志愿者工作形成"一呼百应、各级联动、相互协作、共同进步"，实现文化志愿服务常态化、基层化。

管理模式创新——建立高效规范的文化志愿服务"总分制"管理网络。成都文化志愿者人员实行"分开管理、共同使用"原则，成都市文化志愿者协会的成员单位既可独立招募、管理、培训和使用自己的文化志愿者队伍，各个成员单位又可共享文化志愿者资源；成都文化志愿者工作实行"总会指导、分会实施"原则，总会和各分会既独立又融合，在志愿者项目和活动中，总会可对分会进行业务指导、支持，同时总会志愿者活动可由分会参与或与分会共同举办志愿服务项目；成都文化志愿者培训实行"总分"结合培训。总会聘请专业教师统一组织高层次、高标准的业务培训，分会不定期举办基础知识和实地操作培训，形成基础培训和提升培训相结合，业务培训和经验学习相结合的培训模式。

工作思路创新——转变活动形式从"送"服务到"定"服务。针对不同环境、不同人群存在的不同的文化需求，文化志愿者服务工作由单向的"送"服务转变成双向的"定"制服务，即在每次制定基层文化志愿服务和开展志愿者活动之前，对服务对象进行文化需求调查，发放需求调查表，根据服务对象的文化需求差异，定制因人而异的文化服务，真正做到送去群众所需要的文化服务，使文化志愿者服务工作更加人性化、专业化和个性化。例如开展针对性的文化讲座，对弱势群体的文化帮扶，青少年的暑期文化辅导，城镇化失地农民的技能培训等。

服务模式创新——联动服务打造全市性文化志愿品牌活动。成都市文化志愿者协会与55个成员单位联动服务，策划组织多项群众喜闻乐见的文化志愿者服务活动："名师大讲堂"活动——面向基层广大群众，以"大讲堂"为基本载体，在文化馆、图书馆、艺术剧场等公共文化设施提供高端文化艺术知识教育和技艺辅导。"文化暖心驿站"——选择全市街道文化活动中心建立文化志愿者服务驿站。根据当地群众文化服务需求，统筹派送文化志愿者到驿站进行服务，帮助开展群众喜闻乐见的文化服务活动。对驿站服务的志愿者进行岗前培训，统一按需输送，评星定级，实行绩效考核，探索文化志愿者定期、定时、定人长效开展文化志愿服务工作的新机制和新办法。

"十项推进"即：

一是壮大一支社会化的文化志愿者队伍。利用各种渠道，广泛招募文化志愿者，使全市登记注册的文化志愿者人数不断增加。

二是搭建一个文化志愿数字化服务平台。搭建"成都文化志愿服务"数字化平台。该平台主要有三大功能：①通过在线注册及后台管理，实现对志愿者的网络化管理，使之成为一个全市文化志愿者的资料库；②通过视频点播、图文资料等方式，全面展示志愿服务项目，使之成为宣传文化志愿服务的窗口；③通过市民在线提交申请和预约服务，实现服务与需求的有效对接，使之成为沟通市民与志愿者的桥梁。

三是出台一份文化志愿服务指导性文件。出台《关于鼓励和规范成都文化志愿服务的意见》，明确文化行政部门、协会与志愿者及志愿团体的工作边界，明确志愿服务的办法，规范对志愿者的注册及管理，开展社会力量、社会资本参与公共文化服务课题研究，制定《支持文化非营利组织、文化志愿服务组织发展的政策措施》。

四是实施一项有影响的文化志愿服务活动。以边远、贫困地区为重点，结合提升基层文化阵地的使用率和满意率，在全市选择10个基层文化阵地，建立"文化暖心驿站"，开展点对点的志愿服务。

五是打造一个常年性文化志愿服务品牌。打造"名师大讲堂"升级版，扩大合作机构，丰富活动形式，同时在发挥名人效应的同时，引入草根力量，并逐步扩大活动的覆盖面，使之成为文化志愿服务品牌。

六是召开一次文化志愿者交流表彰大会。召开全市文化志愿服务经验交流暨先进表彰会议，邀请相关专家、志愿者代表、"3+2读书荟"民间组织等，进行经验交流，同时对评选出的全市年度十佳文化志愿者（团体）进行表彰。

七是开展一项文化志愿服务宣传推广。与媒体合作，结合相关志愿活动的开展，推出志愿者系列专题报道，扩大文化志愿服务的影响，营造良好的舆论氛围，吸引社会关注文化志愿者、支持文化志愿服务。

八是聘请一名文化志愿服务形象大使。每年邀请一位文化志愿者担任年度成都文化志愿服务形象大使。既可以是文化名人，也可以是表现突出的普通文化志愿者。由年度形象大使为成都文化志愿服务代言，倡导公益的力量，宣传文化志愿服务。

九是开展一次文化志愿者专项业务培训。邀请专家学者、专业机构、资深志愿者，对全市登记注册的文化志愿者开展一次专项培训，提升文化志愿者的整体素质和服务水平。

十是开展一次文化志愿者异地交流。配合"春雨工程——全国文化志愿者边疆行"活动，组织开展成都市的"细雨春晖"文化交流活动，由协会牵头组织全市文化系统的文艺骨干奔赴四川少数民族地区开展文化志愿服务活动。

182. 昆山市文化馆举办"鹿城故事"讲坛的做法和经验是什么？

答：江苏省昆山市文化馆从2009年7月25日起向社会推出"鹿城故事"讲坛，6年来，已讲述了140个故事。"鹿城故事"以弘扬传统文化为主，对当代题材也有所涉及，故事生动有趣，成为传承地方特色文化的重要载体。

他们的做法和经验主要是：

第一，重视策划。①从需求出发。昆山市文化馆所处的南街以前曾是文人聚居的"片玉坊"，文化底蕴深厚，昆山的老百姓对本土文化有兴趣，爱听地方上的人文故事。②起好名称。将此项活动定名为"鹿城故事"讲坛，其创意是，春秋战国时期的吴王曾在昆山玉峰山前豢鹿射猎，后来人们就把昆山称为鹿城。2500多年来，鹿城成败兴衰、悲欢离合的故事丰富多彩，引人入胜，用"鹿城故事"做名称，对老百姓而言，既有神秘感，又有亲和力。③准确定位。"鹿城故事"定位为"本地人讲，普通人听"。讲师由本地学有所长的各类文化人担任，讲的则是古往今来发生在本地有价值、有文化内涵、有意趣的故事。故事题材和内容要求平易近人，贴近老百姓的口味。在时间安排上要求既有规律性又有灵活性。原则上每双周星期六下午开讲，但注意避开一些重大传统节日，以求听众能有充裕的时间参与听讲。"鹿城故事"每次讲座时间为一个半小时左右，时间过长会让听众产生审美疲劳，过短则会让听众感到不过瘾、不满足。

第二，周密实施。①精选讲师队伍。"鹿城故事"成败的关键是需要有一支既能说又能写的讲师队伍。"能说"就需要掌握丰富素材又善于表达，"能写"就需要有过硬的文字功力，又善于构思。经过广泛发动、推荐、物色，最后，昆山市文化馆终于组织起由20多名值得信赖的"土产"故事员组成的讲师队伍。他们中既有年迈的民间文艺工作者，又有年轻的高学历的文化工作者。他们甘当文化志愿者，发挥文化特长，把发生在昆山各个历史时期的精彩故事讲给身边的百姓听，从而传递正能量，歌颂真善美。②精选故事选题。故事选题既要顾及主讲人的擅长，又要符合主办者的价值导向；既要追求故事传奇，又要注意内容健康。每轮讲坛，均先由讲师自报讲题，然后，由主办方论证，确定每一轮20个选题，再登报广而告之。为了使每轮讲题与时俱进，主办方还根据需要，特邀讲师完成重大故事题材的撰稿。如，2009年庆祝新中国成立60周年、1911年纪念辛亥革命100周年、2013年纪念顾炎武诞辰400周年、2015年纪念抗战胜利70周年，昆山市文化馆均特邀讲师撰写专题故事讲稿，使"鹿城故事"紧跟时代步伐，更能贴近百姓的期盼。③精心创作故事。为了把故事讲得引人入胜，昆山市文化馆要求讲师事先将故事写成大致8000字篇幅的讲稿，要求大小标题具有新鲜度和吸引力，对故事情节进行巧妙设计。④精彩讲述故事。昆山市文化馆要求讲师根据故事内容认真制作多媒体课件，讲述时要专注、投入，讲完故事后，再与听众互动，进行探讨和交流。⑤做好资料积累。对每次讲座，昆山市文化馆均安排专人拍照、录音、录像，留下完整资料。

第三，延展功能。①"请进来"和"走出去"并重。一方面，昆山市文化馆把讲师请到文化馆讲故事，另一方面，他们还组织讲师走出去，深入到街道、社区、学校、外企进行巡回演讲。②"口述"和"文本"并重。为了留下"鹿城故事"这份厚重的文化"档案"，昆山市文化馆每年拨出专项经费，将每一轮20个故事的演讲文稿结集出版，目前已出版6本《鹿城故事》。与此同时，昆山市文化馆还向《昆山日报》和《城市商报》推荐故事，并在相关栏目中连载，使"鹿城故事"在更大范围内得到传播。

183. 博物馆如何多维度为社会公众提供服务？

答：第一，利用网络平台的力量，建设博物馆"第二馆区"。互联网具有强大的覆盖性、便捷性与影响力，博物馆可将博物馆网站建成"第二馆区"。如，河南博物院的网站经历了数次改版，2012年已基本形成了自办知识传播栏目、知识宣教与文化活动报道兼重、中英文网站相映生辉的局面。栏目设置既突出功能性、服务性，也兼顾资源性、知识性、趣味性。同时，博物馆的网站不只是复制、再现博物院的实体展览内容，而是对实体展览的文化内涵进行扩展与补充。2012年，河南博物院网站及时利用曹操墓被发现的社会轰动效应，配合实体展览"大三国志展"，首次推出"网上大三国"展览，大大拓宽了展览的外延，弥补了实体展览空间和时间方面的局限。河南博物院网站还设立了《每周一品》栏目，该栏目每周在中英文网站推出一件院藏精品文物进行品鉴，通过文物名片、深度品鉴、文化解读、比较研究、趣味猜想、相关链接"六位一体"的方式品鉴文物，将文物还原到文物原生的文化时空，通过这种独特的品读引导公众品读文物，传承文化。

第二，利用数字化信息技术，建设文物数字资源库。如，河南博物院于2012年开始建设数字资产管理系统。该系统将博物院所有有关文物、展览、博物馆管理等方面的文物影像、新闻影像和三维数据、音频、视频等数字资源以统一的命名方式进行保存，以有序的方式进行加工、管理，形成规范的博物馆数字资产库，实现河南博物院数字资产的统一、规范化管理，保证各类数字数据的高效（重复）利用和长久保存，并使之更好地服务公众。

第三，重视文物保护技艺的发掘和呈现，实现博物馆教育从"教"到"学"、从"引导"到"导赏"的转变。如，河南博物院设置"历史教室"，"历史教室"融教学、休闲、观摩、实验为一体,通过文物保护专业技术人员的现场演示、专家现场讲授等形式,面向公众直观再现文物保护技艺,并充分利用现代科技手段,通过在线视频直播的方式,让公众实时观看修复文物的全过程,使神秘的文物保护技艺走出"象牙塔",满足社会公众对文物保护知识的需求,感受历史。

184. 博物馆目前在数字化服务方面有哪些新探索?呈现出怎样的趋势?

答:目前,我国已有博物馆4 165家,馆藏文物约3 505万件。伴随着计算机网络的普及和数字化技术的应用,博物馆在数字化服务方面作出了许多探索。如,敦煌石窟建设了"数字敦煌"。"数字敦煌"的核心内容是将洞窟、壁画、彩塑及与洞窟有关的文物加工成高智能数字图像,将分散世界各地的敦煌文物、文献、研究成果等相关资料,通过数字化处理,汇集成电子档案,既能作为资料永久保存,又可以在洞窟外为游客演示。浙江大学文化遗产研究院科技考古中心和敦煌研究院合作采用数字技术实现了敦煌莫高窟第220窟的仿真复制,将大气磅礴的敦煌莫高窟"长途跋涉"3 000公里,"搬"到了清新秀美的浙江大学校园里。"新"莫高窟第220石窟是这样形成的:在数字采集过程中运用浙江大学自主研发的照相系统把洞窟里里外外360度无死角地全部拍摄下来留作电子信息;然后进行拼图,重现原图的色彩和造型;最后把印有壁画的宣纸贴在提前搭建好的石窟的建筑上。此外,在构建方法上更加注重还原保真,石窟的弯曲和墙壁的拼凑都是严格按照本来的形状,没有硬拉成横平竖直,这样感觉更加逼真。从拍摄的照片来看,让人以为是真的到了莫高窟。"数字敦煌"工程的开展提供了一条打破时间、空间限制的路径,可以更好地满足各年龄段人们对敦煌的游览、欣赏、研究等需求。

再如,陕西数字博物馆在2012年8月28日正式开馆上线运行。2013年推出"随身携带的"移动网络版;2014年推出《陕西数字博物馆(口袋版)》,成为一个可以带回家细细体验的博物馆。

故宫博物院已经开始建设数字社区。观众无需亲临,通过手机、电脑等设备就能瞬间"游览"紫禁城。故宫将有多座数字专馆,包括首都机场T3航站楼"故宫印象"、端门数字博物馆、西玉河故宫北院区数字文化中心、大高玄殿数字讲坛等。

目前,以数字博物馆为基础,充分利用物联网、大数据和云计算等新技术,我国正在构建以全面透彻的感知、宽带泛在的互联、智能融合的应用为特征的新型博物馆形态。实现实体博物馆向数字博物馆转变,最终向智慧博物馆迈进,这是博物馆发展的大趋势。

185. 如何开展公共文化配送?

答: 采取"菜单式"、"点单式"配送公共文化,是供给和需求有效对接,提高公共文化服务效能的好方式。

上海开展公共文化配送的方法是：①建立起市、区县、街镇三级联动的公共文化配送机制。按照公益性、基本性、均等性、便利性的要求，上海建立起市、区县、街镇三级联动的公共文化配送机制，通过该机制，在公共文化配送资源上实行差异化配置。在这个公共文化"三级配送网络体系"中，一级（市级）资源配送注重优品、精品，二级（区县）根据地域特点与市级形成差异化配送，三级（街镇）充分利用本地文化及人才资源，使配送向村居延伸。②实现文化配送的主体多元化。为让更多的社会主体参与文化配送，上海将公共文化资源采购改拨款制为购买制，通过配送平台向社会发布公共文化资源配送的征集告示。目前有200余家院团、行业协会、文化机构和社会团体成为公共文化配送的主力军。③让群众享受点对点的服务。2014年，上海东方公共文化配送服务平台全面推出"点单、配送、评估"等互动功能，无论是陆家嘴金融区的白领，还是崇明田间地头的老爷爷老奶奶，都可通过社区文化活动中心提供的"菜单"，选择自己心仪的文化家常菜。既可以申请市里"高大上"的演出、讲座、文艺指导员，也能享受区里那些"接地气"的文化资源。④为文化配送提供法律保障。2013年4月1日，上海出台面向基层公共文化服务的地方立法——《上海市社区公共文化服务规定》，制定了服务标准、项目清单、评估考核办法、投诉处理规定等一系列配套文件，为文化配送提供法律保障。

杭州市文化馆公共文化预约配送的做法是：本预约配送服务项目为公益性免费服务项目；本预约配送服务

面向杭州市群文配送基层服务点（以下简称"基层服务点"）开展；基层服务点须凭专有用户名和密码登录，按服务方提供的服务菜单，预约申请服务内容；服务方提供的文化服务内容有总量限额和每天服务次数的限额。以演出服务为例，同一台演出，每天演出次数不超过1次。在规定限额内，原则上先点击预约的基层服务点先获配送，额满为止；基层服务点提出预约申请后，因特别原因（如天气、交通等）不能实施配送服务的，服务方有权和基层服务点协商另行安排配送服务内容和配送时间；基层服务点须在每月的1日至10日申请预约下月的演出、培训等服务；申请配送服务的基层服务点须具备下列条件：①具有合适的场地（室内室外均可）；②确保演出灯光音响用电；③做好演出场地治安、卫生、秩序维护等工作，确保演出安全；④演出服务必须组织300人以上观众，培训服务必须组织10人以上学员。配送内容采用政府采购方式。2015年，政府主要采购杭州越剧传习院、浙江钱江浪花文化艺术有限公司、杭州魔森演艺有限公司、杭州新青年歌舞团股份有限公司、杭州滑稽艺术剧院演艺有限公司演艺节目。

186. 民间节庆有哪些功能，如何办好民间节庆？

答：民间节庆具有多种社会功能。一是具有族群认同功能。民间节庆是民俗文化的重要组成部分。民俗是在特定社会群体中形成的以一定的心理结构为依据，具有趋同性和传承性的行为模式。民间节庆作为一种民俗文化，它既是共同心理的文化表现，反过来又不断地加强和稳定这样一种共同的心理，从而增强民族、地区的认同感和凝聚力。二是具有社群整合与社会交际功能。民间节庆是家庭、民众的集体参与，有助于加强人际交往、融洽人际关系，营造和谐、融洽的社群氛围。三是具有文化熏陶和道德教化功能。民间节庆蕴含着丰富的文化形式和文化内容，蕴含着人们的信仰和价值观。置身于民间节庆之中，会自然地受到文化的熏陶、濡染和道德的教化。四是具有文化娱乐和休闲功能。民间节庆是群体的娱乐和狂欢，它具有娱乐和休闲功能，能够使人们在节庆期间得以放松和舒展，尽享生命的欢愉。五是具有推动经济发展功能。民间节庆活动对举办地区经济的推动作用，首先，表现在它能带来巨大的投资效益和商业消费。举办节庆活动，将带来人流、物流、信息流、资金流。大量的人流涌入，对当地的旅游、餐饮、购物、住宿、交通、广告、通讯、娱乐等行业起着拉动性效应，能有效地激活举办地各行各业的消费需求。其次，节庆活动为举办地提供了潜在的经济发展机遇。举办民间节庆活动，就是以深化自身特点的方式包装、推介和发展自己。成功的节庆活动，可以为区域经济的发展营造出优良的环境和不可多得的发展机遇，在直接经济价值背后更隐藏着潜在的巨大财富。总之，节庆活动不仅具有即时的轰动效应，而且会带来持久的经济效益。在西方发达国家，节庆产业占GDP3%—5%，占整个文化产业10%，西方中小型城镇，当地财政大约有30%收入来自节庆产业。六是具有文化传承的功能。民间节庆是民俗文化的重要载体。伴随着民间节庆的持续举办，当地一些原先几乎被人们遗忘了的传统习俗和文化活动会重新得到恢复，一些传统手工艺品会因市场的需求重新得到制作和发展，一些传统的音乐、舞蹈、戏剧因为有了展示的空间和机会会重新受到重视和发掘，一些传统的民间服饰、饮食会重新展现在人们面前。这些独特的文化资源不仅会受到旅游者的欢迎，而且会丰富当地群众的精神文化生活，使人们对自己的传统民间文化增添新的自豪感，增强文化自觉和文化自信，从而有效地促进地方传统文化和特色文化的传承与发展。

浙江省宁海县从以下几方面着手办好民间节庆：

一是建立民间节庆统筹协调机制，加强对民间节庆建设的整体规划和顶层设计。

二是建立民间节庆管理和指导机制，加强对民间节庆活动的服务和监督。

三是建立政府引导、民间主办、市场运作机制，让民众成为民间节庆的主体。

四是建立民间节庆评价和考核机制，促进民间节庆文化健康发展。

五是建立群众参与和评价、反馈机制，不断完善办节机制，创新办节手段。

六是建立民间节庆传播机制，扩大民间节庆的影响。

七是建立民间节庆综合开发机制，使民间节庆的经济效益和社会效益最大化。

187. 如何使现代公共文化服务体系建设和传承地方优秀传统文化有机结合？

答： 在现代公共文化服务体系建设中，各地应注重延续当地的文化传统，彰显地方文化特色，使公共文化服务体系建设和传承地方优秀传统文化、弘扬地方特色文化、建设现代文化有机结合。

浙江省象山县石浦镇的做法有以下几方面：

一是使古镇成为渔文化的见证和渔文化的载体。石浦镇依海而生、因海而兴。石浦镇在文化建设中十分注重文化保护，他们对古镇进行了修缮，复建了全国罕见的鱼师庙，保留了古镇的建筑和风貌，改善了古镇设施，方便了古镇居民的生活，使这座渔文化古镇不仅活着，而且焕发出新的生机和活力。

二是使公共文化设施更多地体现海洋文化和渔文化内涵。石浦镇一方面为镇内已建的公共文化设施注入丰富的渔文化内涵，同时，还建设了渔文化陈列馆和正在建设象山县海洋渔文化展示馆等专门以展示海洋文化和渔文化为内容的公共文化场馆，增强公共文化设施对群众的吸引力。

三是把非物质文化遗产转化成公共文化产品和公共文化服务的内容。石浦镇把当地的渔歌号子、歌谣、传说、故事等转化成公共文化产品，并把渔鼓、龙灯、鱼灯、六月六民俗活动等转化成公共文化服务的内容，丰富了公共文化的供给。

四是让群众成为地方特色文化传承和创新的主体。

石浦镇积极培养和发展村、社区文化专员及文化志愿者队伍，还成功组建了 20 多个文化活动协会。他们引导这些文化专员、文化志愿者和协会利用地方特色文化资源创作新的文化产品，参与"欢乐渔港大舞台"、"三月三"群文舞台等活动，使他们成为传承和创新地方特色文化的主力。

五是使公共文化服务体系建设和地方经济发展良性互动。石浦镇依托鲜明的海洋文化、渔文化资源，积极打造中国开渔节、"三月三，踏沙滩"、国际海钓节、象山海鲜节等四大品牌节庆活动。活动既推动了石浦镇渔文化的"活态"传承，促进了渔文化的创造性转化和创新性发展，也有力地促进了地方经济的发展。

188. 宁波市江北区甬江街道开展企业文化建设的做法和经验是什么？

答：宁波市江北区甬江街道将公共文化服务延伸到企业，持续开展"潮起甬江"企业文化工程，充分发挥了文化引领风尚、凝聚力量、推动发展的作用，形成了独特的经验。

一是以政策作保障，统筹企业文化建设。甬江街道专门制定了支持辖区企业文化建设的专项经费补助管理办法，鼓励企业开展文化建设，调动和激发企业开展文化建设的积极性。同时，甬江街道还协调各部门，形成推动企业文化建设的合力。

二是以举办各类活动为载体，丰富职工文化生活。

"潮起甬江"企业文化工程每年均结合时代精神，设立一个主题，精心策划举办贴合企业员工需求的主题晚会及系列活动，丰富员工精神生活。此外，还开展"爱在甬江"青年职工联谊派对、"小候鸟"夏令营等体现人文关怀的特色活动，满足员工及子女多方面的需求。

三是以培训员工和组建文体团队为抓手，提升职工素质。甬江街道成立了"先锋微讲堂"和"青年读书社"，采取讲课、阅读等方式，提升职工素养。同时，他们还通过开设各类文体培训班，开展"送艺进企"，培育员工文体队伍，培养企业文化建设中坚力量。

四是以培育企业精神为核心，增强企业的凝聚力和核心竞争力。他们帮助辖区企业积极培育企业精神，创作企业之歌，绘制企业文化墙，出版企业报刊，编纂企业文化丛书，打造企业文化品牌。通过企业文化建设，增强企业核心竞争力，促进企业健康发展。

189. 长沙市培育发展群众文艺团队的做法和经验是什么？

答：长沙市培育发展群众文艺团队的做法和经验主要有以下几点：

第一，建立激励机制，引导群众文艺团队持续发展。长沙市群众文艺团队的产生有着丰厚的沃土和广泛的群众基础，其繁荣壮大则得益于政府、文化部门的引导和扶持。2004年，长沙市委、市政府即组织开展了长沙市十佳群众文艺团队的评选，并确定了五一市民广场、滨江广场等16个城市广场为文化广场，定期举行文艺演出。

2008年，长沙市建立了群众文艺团队评比机制、奖励机制，使群众的参与积极性更高，普及面更广。近年来，各级文化部门更是不断探索，大胆创新，以更有力的措施激发群众参与文化的积极性。一是加大投入力度。长沙市委宣传部、市财政局每年投入近200万元用于扶持和奖励群众文艺团队，各区、县（市）每年用于团队建设、评比奖励的经费也很可观。二是建立星级考评机制。2012年，长沙市制定了《长沙市群众文艺团队星级评定办法》，从基础设施、队伍建设、艺术生产和社会影响四个方面对群众文艺团队进行综合考评。政府和文化部门的扶持与引导使长沙市的群众文艺团队从11年前的40余支发展到今天的近万支，已经在民政部门正式注册的就有1 800多支。群众文艺团队涉及舞蹈、音乐、曲艺、书法、摄影、美术、戏剧以及传统的舞龙、舞狮、剪纸、猜谜、非物质文化遗产传承等各个门类。如今，每个街道、社区、村镇都有演出队伍，小到二三十人，大到几百人，颇为壮观。

第二，创新活动平台，激发群众文艺团队内在活力。群众文艺团队的发展需要良好的展示和交流平台，长沙市各级政府、文化部门精心策划，举办丰富多彩的群众文化活动，积极为基层群众文艺团队搭建各类展示平台。他们上下协作，搭建了"百团会演"大舞台，开展"百佳"广场展演、"百品"、"百星"大赛。短短几年时间，长沙市的群众文艺"百团"便声名远播。2010年，长沙"百团会演"项目获得全国第十五届项目活动类"群星奖"项目。"百团会演"活动开展以来，长沙市不断创新活动载体和活动主题,将"百团"、"千星"评奖活动与"欢乐潇湘·舞动星城"、"欢乐潇湘·幸福长沙"、"群众文艺团队PK赛"、"歌涌湘江·舞动星城"、"校园文化进社区"等系列活动有机结合起来,活动内容更丰富,参与人数更多,影响面更广。随着"百团"系列活动的广泛深入开展,长沙市群众文艺团队每年的演出场次从2007年初的不到1 000场,发展到今天的1万多场。

第三,优化服务机制,提升群众文艺团队建设水平。多年来,长沙市各级文化馆不断优化对群众文艺团队的服务,促进了群众文艺团队表演水平和艺术创作水平的整体提升,提高了他们服务自身、服务大众的能力。

190. 福建省开展"艺术扶贫工程"的做法和经验是什么?

答:为了给有艺术梦想的孩子和人们一把梯子,让他们能够享受到艺术和人生的快乐,2005年4月,福建省艺术馆向全省文化馆发出倡议,以"关注农村、关注教育、关注贫困"为出发点,共同实施"福建艺术扶贫工程"。10年来,"福建艺术扶贫工程"在福建城乡广泛开展,产生了良好的社会效果,并形成了很好的示范和带动效应。目前,"艺术扶贫工程"已在213所偏远山区小学设立了"艺术扶贫基地",600多名文化馆专业人员常年深入基地坚持授课,1 000多名志愿者参与艺术扶贫工作,举办各类艺术兴趣班360余个,受益学生达69万多人次,有500多个孩子在各类艺术比赛中获奖，1 000多个孩子参加各级文艺汇演。他们的主要做法和经验有以下几方面：

一是建立健全"艺术扶贫工程"机制。"艺术扶贫工程"由福建省艺术馆倡导和发起。为了使这一工程顺利实施并产生良好的社会效果，福建省文化厅将"福建艺术扶贫工程"列入厅重点工作，并成立了以福建省文化厅党组成员、副厅长为组长，文化厅社文处处长、省艺术馆馆长、各区市文化局分管局长等为成员的"艺术扶贫机制建设"工作领导小组。领导小组下设办公室，全面负责项目实施、协调等各项工作。福建省财政厅专门安排了艺术扶贫专项经费，仅2009年至2013年，福建省财政厅就下拨艺术扶贫专项经费共410万元。健全的组织、政策和经费保障机制，保证了"艺术扶贫工程"的顺利开展。

二是建立和完善"艺术扶贫工程"服务网络。"艺术扶贫工程"是面向广大基层农村的艺术帮扶工程，需要全省各级文化馆共同参加。从工程实施之初，福建省艺术馆便着力建立和完善"艺术扶贫工程"服务网络。迄今，在福建省艺术馆的号召下，全省已有88个文化馆参与艺术扶贫工作，参与率达到了95%，每个文化馆都专门设立了艺术扶贫工作领导小组及专门的艺术扶贫工作负责人，形成了较为完善的"艺术扶贫工程"服务网络。

三是培育和建立实力雄厚的"艺术扶贫工程"师资队伍。为了加强"艺术扶贫工程"师资队伍建设，福建省艺术馆定期举办各类福建艺术扶贫师资培训班，针对薄弱环节，开展教学交流。他们邀请省内各专业名家分别授课,为全省文化馆常年坚持下乡辅导授课的230名专业人员进行培训,培训按舞蹈、音乐、美术三大门类分班进行。除了组织全省各级文化馆的专业人员参与艺术扶贫,他们还动员福建省艺术职业学院的师生以及社会上的文化艺术工作者加入到艺术扶贫的队伍中来。目前,全省已经形成了一支数量可观的艺术扶贫志愿者队伍。

四是以多种方式开展"艺术扶贫"。在开展"艺术扶贫工程"的过程中,福建省各级文化馆以多种方式开展"艺术扶贫"。他们把优质的师资送到偏远农村和山区,送到学校,使农村和山区的孩子每周能够有一个半天在课堂上得到来自城里的艺术老师所提供的免费艺术教育和艺术辅导。他们发起文化艺术学习用品、用具的捐赠,把孩子们学习艺术所需要的画夹、画笔、宣纸、舞鞋、口琴送到贫困学生手中。他们建立了艺术扶贫基地,还开设了艺术扶贫官方网站和"网上艺术扶贫基地",一方面,使更多的人能够加入到艺术扶贫的队伍中来,另一方面,也使更多的人能够从"艺术扶贫工程"中得益。在艺术扶贫教学活动中,所有下到农村开展辅导的艺术老师均不要陪同、不拿报酬、不接受吃请,所有的艺术帮扶内容都力求贴合孩子们的需要。

五是不断拓展"艺术扶贫工程"的服务对象和服务范围。"艺术扶贫工程"开展以来,其服务对象和服务范围不断拓展。艺术扶贫工程的帮扶对象既有地处偏远山区的小学、海岛小学和少数民族小学,也有外来工子弟学校、特教学校、三峡移民子弟学校和藏族班等,帮扶的对象还从农村延伸至城市社区。艺术辅导的科目也不断增加，在美术、音乐、舞蹈和写作之外还设置了剪纸、版画等传统艺术教育内容。

六是吸引和鼓励社会力量参与到"艺术扶贫工程"中来。"艺术扶贫工程"开展以来，福建省各级文化馆在带头做好艺术扶贫工作的同时，积极鼓励社会力量参与到"艺术扶贫工程"中来。10年来，众多文艺界专家、军人、企业家、社会志愿者以及社会团体、公益组织、慈善机构先后以不同的形式加入到艺术扶贫的队伍中来，他们通过捐资助学、捐款捐物等方式向农村贫困地区奉献爱心。社会各界人士向贫困地区学校和贫困学生个人捐资捐物折合人民币近百万元。

七是培育典型，以点带面，推动"艺术扶贫工程"深入开展。福建省艺术馆以"培育有目的、促进有成果、推广有效果"为目标，积极打造"艺术扶贫工程"示范基地。截至2013年底，"艺术扶贫工程"已在全省建立213个"艺术扶贫基地"。在闽侯大目溪小学示范点建设过程中，福建省艺术馆软硬件双管齐下，在开展艺术教学的同时，积极帮助改善学校文化基础设施，整修了操场，装修了舞蹈教室，添置了音响设备，配送了竖笛、二胡、舞鞋等。福建省委宣传部、省文化厅、省农办先后三次召开"艺术扶贫工程"表彰大会，共表彰了30个"艺术扶贫工程示范基地"和300个"艺术扶贫先进个人"。

八是架设艺术桥梁，让有梦想的孩子走进广阔的艺术天地。在"艺术扶贫工程"的开展过程中，福建省各级文化馆积极探索艺术扶贫的新手段，不断创新公共文化服务模式,主动架设艺术"桥梁",带领学生从乡村、从山里走出来,参与各级各项艺术赛事,使农村学生通过自我展示,树立自信,增长见识,拓宽视野,陶冶情操,激发更高的艺术追求,走进更为广阔的艺术天地。他们鼓励艺术扶贫基地的学生到福建省非物质文化遗产博览苑担任解说员,为游客宣传优秀的福建传统文化,使学生在实践中展示自己在艺术课堂上所学到的本领。他们推荐艺术扶贫基地的学生参加"福建省少儿故事大王比赛"、福建省"水仙花"小品小戏大赛和全国"群星奖"比赛,让他们展示自己的艺术才华。福建省艺术馆还通过每年"六一"儿童节"风采少年"的评选,让一批又一批农村孩子获得进城增长见闻和接受艺术欣赏的机会。这些举措都进一步激发了孩子们对艺术、对生活的热爱。

191. "榕树下文化空间"是怎样一个新型公共文化空间?

答: "榕树下文化空间"是广东省东莞市长安镇为了给市民提供更方便、更舒适的阅读服务和现代、雅致的阅读体验所建设的新型阅读设施和新型公共文化空间。它是图书馆阅读服务体系组成部分,是长安图书馆设施的一个重要补充。

"榕树下文化空间"依榕树而建,形式为玻璃屋。之所以将其命名为"榕树下文化空间",一则是因为大树下自古以来就是人群自然集聚的地方和人们交流交往的公共空间。榕树,作为南国独具特色的植株,天然地使人产生亲切感,愿意去亲近。再则是因为榕树本身作为木材无甚大用，但却为人们提供心灵的绿荫，颇具诗意和文化内涵，乃无用之大用，与文化有共通之处。"榕树下文化空间"正是基于这一理念打造的城市中开放、温馨、诗意、自由、现代、雅致的文化空间。

在功能上，"榕树下文化空间"集阅览图书、分享知识、传播文化等功能于一体。第一，提供数字阅读。配备Pad+数字图书馆互动服务终端（"迷你云图书馆"）和公共免费Wi-Fi。市民只要利用空间中的Wi-Fi，扫描"迷你云图书馆"的二维码，就可以进入数字图书馆，免费下载喜欢的图书。第二，打造温馨书屋。提供图书漂流、图书分享、亲子阅读等全民阅读活动。市民可以免费阅读书籍、报刊。第三，举办艺术展览。提供摄影、书画等新锐、精品艺术展和文化沙龙活动。让市民直接在街头就能免费享受到高雅艺术。

在体验上，由于融合了传统阅读、街头阅读、数字阅读、分享阅读、亲子阅读、精品展览等多种方式，营造了现代、自由、雅致的阅读环境和氛围，"榕树下文化空间"带给市民一种现代、雅致的阅读体验，并给市民提供了多种选择。这样一来，大大提升了阅读的吸引力。

在互动和分享上，"榕树下文化空间开"展了图书漂流活动，读者把可以进行淘换、捐赠、借阅的图书期刊放置在"榕树下文化空间"，开展图书淘换，从而互通有无、分享阅读。市民可以在"榕树下文化空间"内阅读，也可以凭有效证件登记，免费带走喜欢的图书或期刊，由读者自行送还。

在管理上，榕树下文化空间主要依靠文化志愿者。

"榕树下文化空间"设置有文化志愿者招募处，并通过微博、微信、QQ群等渠道，积极面向社会招聘文化志愿者。目前，榕树下文化空间的文化志愿者每周服务时长约15小时。这些文化志愿者不仅负责服务，而且参与到文化空间的管理维护中，承担着介绍艺术空间、定期整理图书、解说艺术展览、操作"迷你云图书馆"以及定期巡查等职责。部分文化志愿者还策划组织了亲子诵经典活动，引导家长、孩子组成兴趣小组、学习小组甚至是业余小文化社团。既深化了对公共文化设施的服务和管理，又促进了文化志愿服务的阵地化。

2014年，"榕树下文化空间"被文化部评为"文化志愿服务推进年"示范项目。

192.江苏省张家港市建设文化馆总分馆制的做法是什么？

答：2012年，张家港市延伸基层公共文化服务层级，在村和社区设置文化网格，率先探索实施网格化公共文化服务，形成了独特的张家港经验。2014年，他们以网格化公共文化服务为基础和依托，又率先建立了县域文化馆总分馆体系，并形成了鲜明的张家港特色。

一是在服务载体上包括了文化网格。张家港市文化馆总分馆体系以张家港市文化馆为总馆，以各区镇（含常阴沙现代农业示范园区、双山岛旅游度假区）、镇办事处文化站为分馆，以文化网格为服务点，三级互联，一体运行。

二是在人才配备上实行馆长助理派遣。文化馆的核心资源是人。为了统筹调配人才资源，张家港市实施文化馆镇级分馆馆长助理派遣工作制度，将10名市文化馆（总馆）专职文艺人才任命为各镇（区）分馆馆长助理，参与分馆业务工作，实现了总分馆之间业务工作的有效衔接。

三是在管理机制上采用理事会制度。张家港市成立了文化馆总分馆理事会。理事会由相关单位代表、专业人士、各界群众以及基层网格文化员组成，负责审议总分馆体系发展规划，参与总分馆体系管理。

四是在考核评估上实现考核评估主体社会化。为了不断提高张家港市文化馆总分馆体系服务效能，张家港市对全市总分馆建设、管理、服务、质量、效益等开展科学合理的考评，实现考核评估主体社会化，由文化馆总分馆理事会进行专业考评，委托第三方机构开展"群众满意度"等公众测评，并接受社会监督。

193. 浙江省嘉兴市建设文化馆总分馆制的做法是什么？

答：2014年，浙江省嘉兴市在海盐县建设文化馆总分馆制的基础上，建设全市文化馆总分馆服务体系。他们的做法和特点主要有以下几方面：

一是注重制度设计。嘉兴市加强对文化馆总分馆服务体系理论研究和制度设计。他们所建设的文化馆总分馆服务体系是以县域为基本单元，以县（市、区）文化馆为总馆，镇（街道）文化站为分馆，村（社区）文化活动中心（文化礼堂）为支馆，形成"人员互通、设施成网、资源共享、服务联动"的总分馆服务体系，并以嘉兴市文化馆为中心馆，统筹协调全市总分馆开展公共文化服务，形成"中心馆——总分馆"服务体系。

二是强化体系的系统性、完整性和现代性。嘉兴市文化馆总分馆服务体系以统一网点布局、统一服务标准、统一数字服务、统一效能评估、统一下派上挂"五个统一"为抓手，解决原有文化馆体系存在的基层文化站孤岛化，专业人员力量不足，服务资源不足，服务规范化、标准化欠缺，服务效能不高等各种问题，强化体系的系统性、完整性和现代性。

三是以增加、统筹和用活人的资源为关键，提升文化馆体系末端专业化服务能力和水平。通过各县（市、区）文化馆向每个镇（街道）文化站下派1名文化员，并协同镇（街道）文化站为每个村（社区）配备、培训1名享受政府补贴的专职文化管理员，同时，通过挂职和交流，使原文化站、文化室人员的专业能力大大提升。

四是通过实施文化馆服务的标准化，推进基本公共文化服务均等化。制定文化馆总分馆服务体系的服务标准和服务规范，使城乡公共文化资源得到更好的统筹，有效解决了公共文化服务"最后一公里"问题，推进了基本公共文化服务均等化。

194. 浙江省建设农村"文化礼堂"的做法和经验是什么？

答：习近平同志强调："把培育和弘扬社会主义核心价值观作为凝魂聚气、强基固本的基础工程，作为一项根本任务，切实抓紧抓好。"浙江省深入贯彻落实中央要求，把培育和弘扬社会主义核心价值观作为一项根本任务，2013年以来，按照"文化礼堂、精神家园"的定位，在全省广泛开展农村文化礼堂建设，并以此为依托，高扬社会主义核心价值观的精神旗帜，将社会主义核心价值观的丰富内涵和实践要求充分融入农村思想教育、道德建设、科学普及、继续教育、生活娱乐等方方面面。农村文化礼堂已逐步成为对农民群众具有较强感召力的共同精神家园，成为培育和弘扬社会主义核心价值观的新阵地。

浙江农村文化礼堂在价值引领上，主要体现为：①强调以"理"为先。一方面，推动教育教化进礼堂。在文化礼堂里设置讲堂，把中国梦宣传、形势政策宣传与社会主义核心价值观宣传有机结合起来，通过"讲故事"、"拉家常"不断增强人们对社会主义核心价值观的理解，融化在心灵里，体现在行为中。另一方面，推动礼节礼仪进礼堂。举办升国旗、奏国歌等活动，创设村干部集体就职礼、新兵入伍壮行礼等创新活动，潜移默化影响农民群众的思想方式和行为方式，切实增强其对社会主义核心价值观的认同。②突出以"德"为要。利用农村文化礼堂提高农民群众的文明素质和农村的文明程度，举行经常性的道德宣讲活动，全面展示培育和弘扬社会主义核心价值观中涌现出的各类先进事例和农民群众身边的"最美人物"，营造崇德向善、见贤思齐的社会氛围。③坚持以"智"为基。积极推动科技、文化、卫生"三下乡"活动进文化礼堂，定期对农民群众开展科学知识、实用技能、法律常识、健康生活等的教育培训。利用文化礼堂的文化宣传栏、文化长廊等各种载体，传播科学文化知识。在"菜单式"公共文化服务配送工作中，注重为农民群众提供一些与生产生活密切相关的科学文化知识。通过这些举措，切实提高农民的科学文化知识水平，把文明的种子种进农民的心田，为培育和弘扬社会主义核心价值观奠定坚实的文化知识基础。

在农村文化礼堂"建管用"上，浙江的做法和经验主要是：①"建"有标准。浙江省在推进农村文化礼堂建设中，把设施建设作为基础，制定"五有三型"（有场所、有展示、有活动、有队伍、有机制，学教型、礼仪型、娱乐型）的标准，推动各地立足实际、因地制宜，建一个成一个。各地在坚持"五有三型"基本标准的前提下，综合考虑经济实力、人口规模、群众需求等多种因素，充分利用农村自然资源禀赋，注重传统民俗文化与现代文明的融合，在建筑风格、展示内容、活动样式等方面形成自己的特色，做到"一村一色"、"一堂一品"，形成属于这个村子独特的集体记忆，将农村文化礼堂打造成承载乡愁、展现乡风、弘扬社会主义核心价值观的"村庄客厅"。②"管"有队伍。浙江省在推进农村文化礼堂建设中，高度重视基层文化队伍的培育和使用，组建农村文化礼堂工作指导员、管理员、志愿者三支队伍，解决好"最后一公里"问题。全省各地层层建立农村文化礼堂建设专家指导团和工作指导员，确保方向不偏、标准不降。每个文化礼堂基本都配备了一名懂文化、会管理、热心文化事业的专（兼）职管理员，使礼堂真正用起来、转起来、活起来。重视培养乡土文化能人、文化活动积极分子,动员他们投身农村文化礼堂建设。③"用"有实效。浙江省充分发挥农村文化礼堂的文化惠民作用,把培育和弘扬社会主义核心价值观与文化惠民有机统一起来。一方面,推进"菜单式"公共文化服务配送平台建设,明确政府要提供什么、提供多少文化服务,做到全省"一张网"。另一方面,广泛开展"种文化"活动,支持群众自办文化团体,组织开展各类群众性文化活动,引导群众在文化活动中自我表现、自我教育、自我服务,培育和弘扬社会主义核心价值观。农村文化礼堂不但成为承载农村基层公共文化服务标准化均等化、缩小城乡公共文化服务差距的有效载体,而且成为在农民群众中培育和弘扬社会主义核心价值观的有效载体。

在农村文化礼堂的建设和可持续发展中,浙江省重在形成工作合力,实现各类资源统筹整合利用。一是工作推进形成一盘棋。浙江省在推进农村文化礼堂建设中,把加强组织领导作为关键,确保工作可持续推进。省委、省政府对农村文化礼堂建设十分重视,省政府连续两年将其列为十件民生实事项目,专门成立了农村文化礼堂建设工作领导小组,省、市、县各级都形成了由党委和政府统一领导,宣传部门牵头抓总,相关部门密切配合、共同推进的工作格局。在农村文化礼堂建设中,财政、农办、党史、国土资源、建设、体育、文联、科协、档案、文物、方志办等部门不仅做好"加法",不加牌子加内容,在志愿服务、乡村旅游、科学知识普及、村落文化挖掘等方面给予支持；还做好"乘法"，相互之间协作联动，形成品牌活动，产生"叠加"效应。二是文化资源拧成一股绳。浙江省按照农村文化综合体的要求，整合了原有文化活动中心、农家书屋、农村电影放映、未成年人"春泥计划"、文化信息资源共享等宣传文化资源，最大限度地提高各类设施场所的综合利用率。农村文化礼堂建设成为把资源配置倾斜到基层、把工作重心转移到基层、把活动载体落实到基层的有效抓手，推动基本公共文化服务做到全覆盖、保基本。三是考核评价绘成一张表。浙江省把建设农村文化礼堂、培育和弘扬社会主义核心价值观作为考核各级领导班子、领导干部特别是乡镇干部队伍的重要依据，纳入文明县（市、区）、文明村镇、文化先进县（市、区）、文化强镇、文化示范村创建等相关评价体系。同时，将农村文化礼堂建设作为省社会主义新农村建设和美丽乡村建设行动计划考核的重要内容。通过统筹整合考核评价资源，促使相关部门和单位最大限度地为农民群众带去更多、更丰盛的精神食粮，培育和弘扬社会主义核心价值观。

195. 安徽省建设"农民文化乐园"的做法和经验是什么？

答：为着力解决农村公共文化服务资源分散、利用率低、重建轻管、可持续性差等问题，安徽省结合"美好乡村"建设，自2013年7月开始，在全省6个市20个中心村试点建设标准化村级综合文化活动中心——农民文化乐园，取得阶段性成效。截至2014年11月底，安徽省已建成农民文化乐园60家。

安徽省加强对"农民文化乐园"的顶层设计。在功能定位标准化方面,要求农民文化乐园具备"一场两堂三室四墙"的基本设施。一场为带舞台的综合文体广场,两堂为讲堂和礼堂,三室为文化活动室、图书阅览室(农家书屋)和电脑室(文化信息资源共享工程室),四墙为村史村情、乡风民俗、崇德尚贤和美好家园展示墙,其中承载着学教礼仪、宣传教育的礼堂将重点建设。在建设形式标准化方面,坚持"改扩建为主、新建为辅"的方针,充分整合基层宣传文化、教育培训、体育健身、图书出版、电影电视、科技等各相关方面的场地、设施、资金、项目、人才等资源,统一规划、合理布局。在资金投入标准化方面,因地制宜,发挥政府主导作用、引导社会力量参与,力求可复制可持续可推广。在运行管理标准化方面,统一悬挂"农民文化乐园"形象标识牌,统一印发乐园操作手册,乐园开放时间和时长要在村务公开栏公示,每个乐园统一配备1名专职、2名兼职管理人员,建立各种农民业余文艺团体、协会,定期开展文化志愿辅导。截至2014年2月底,首批20个试点村组建文艺队伍39支、队员1 010人,开展各类活动107场,参与群众2.85万人次。

结合农民文化乐园建设,安徽省从群众需求出发,细化了八项服务:①演出服务,统一采购文艺演出送到村,保证每个中心村一年有一场正规文艺演出;②电视服务,通过地面数字电视、有线电视、直播卫星电视和互联网电视等载体,为基层群众免费提供10套以上公益性节目;

③广播服务,依托"村村通"工程和地面数字电视网络,让群众收听到4套以上广播节目;④电影服务,实施农村电影放映提质工程,保证群众平均每个月看一场质量较高的电影,其中新片50%以上;⑤书报服务,推进农村公共图书服务一体化建设,使每个农家书屋拥有基本藏书1 500册、流动图书300册,报纸10种、流动期刊30种,让农民朋友常看新书报好书报;⑥上网服务,整合文化信息资源共享工程、党员远程教育资源,加快缩小城乡"数字鸿沟";⑦活动服务,开展节庆礼仪、文化娱乐、体育健身、展览展示等丰富多彩活动,特别是重点开展道德实践"主题季"、道德讲堂、乡村好人评选、文明村和文明家庭创建等活动,将培育和践行社会主义核心价值观落到实处;⑧培训服务,定期举办党的理论和形势政策、致富技能、法律常识等培训和讲座。

196. 山东省在现代公共文化服务体系建设中,采取哪些措施弘扬中华优秀传统文化?

答:2013年11月,习近平总书记视察山东并在孔子研究院发表重要讲话,作出大力弘扬中华优秀传统文化、加强孔子及儒家思想研究与传播的重要指示。之后,习近平总书记又在相关文件上批示,指出"要着力建设社会主义核心价值体系,用好齐鲁文化资源丰富的优势,加强对中华优秀传统文化的挖掘阐发,为做好改革发展稳定各项工作提供强大精神力量"。山东省认真贯彻落实习近平总书记重要讲话和批示精神,把弘扬中华优秀传统文化、建设社会主义核心价值体系作为文化工作的重大主题、文化改革发展的重大任务，着力贯穿融入到现代公共文化服务体系建设中，开创了挖掘利用齐鲁文化资源的新局面。

山东采取了以下十项措施：

第一，建立尼山书院。2014年5月12日，山东省文化厅正式印发《关于在全省创新推进"图书馆+书院"模式建设"尼山书院"的决定》，提出将在全省创新推进"图书馆+书院"的公共文化服务模式，在各级图书馆建设尼山书院。此举旨在充分发挥全省公共图书馆在传承文明、教育群众、引领风尚中的重要作用，继承弘扬中华优秀传统文化，培育践行社会主义核心价值观，让古老书院在现代图书馆中焕发青春，让藏在图书馆的文献典籍利用书院走近百姓，提高公共图书馆的文化服务能力，实现优秀传统文化的创造性转化、创新性发展。随着尼山书院建设工作的深入推进，山东适时制定了《"尼山书院"建设与服务标准（试行）》，在设施布局上统一实行"六个一"：即有一个统一标牌、一尊孔子像、一个国学讲堂、一个道德展室或展板、一个国学经典阅览室或阅览区和一个文化体验室或活动区。在活动内容上，主要包括"五个板块"：即经典诵读、国学普及、礼乐教化、道德实践和情趣培养。2014年以来，山东先后成立尼山书院理事会，开通官方网站，组织开展了国学公开课、"会讲日"等活动，全省尼山书院开展活动1 400余场次，服务群众超过17万人次。山东省图书馆在2014年新采购国学相关书籍5 000余种，被国家图书馆授予"中华优秀传统文化实践基地试点单位"。山东创新推进"图书馆+书院"公共文化服务模式的经验也得以在全国推广。截至 2015 年 6 月,山东全省共建成"尼山书院"69 个,所有省级、市级图书馆及 51 个县级图书馆均已建成。

第二,开办"乡村儒学学堂"。2012 年底开始,几位学者走进圣人故乡泗水县,举办"乡村儒学讲堂",为民众面对面讲解国学。一年多里,仅圣水峪镇就举办"乡村儒学讲堂"近 80 场次,听众达 2.3 万人次。目前,山东已将乡村儒学建设纳入农村基层公共文化服务体系,全省近 2 800 个村庄已建成儒学讲堂,年开展活动 1.1 万多场次,服务群众 55.5 万人次。

第三,开办"社区儒学学堂"。2014 年 11 月 24 日,山东省尼山书院首家"社区儒学讲堂"在济南市领秀城社区揭牌。此后,山东积极推动尼山书院功能向社区延伸,依托社区文化中心,举办儒学讲堂,大力推进社区儒学建设。截至 2015 年 6 月,全省建成社区儒学讲堂 694 个,累计开展活动 2 000 余场次,服务群众近 15 万人次。

第四,举办"尼山论坛"。2014 年 5 月 21 日至 23 日,第三届尼山论坛在山东大学举办。论坛主论题为"不同信仰下的人类共同伦理",分论题包括"全球化背景下的人类共同伦理诉求"、"多元文化背景下建构人类共同伦理的可能性与现实性"、"人类共同伦理的本质与内涵""儒家伦理与人类共同伦理"等,吸引海内外诸多知名学者参加。尼山论坛成功创办以来,先后开展了儒家文明与基督教文明、犹太教文明、印度文明、巴哈伊文明等多个世界文明对话，累计组织学术演讲和文化对话交流活动100余场，对儒家伦理进行了盛大展示，有力宣扬了儒家讲仁爱、重民本、守诚信、崇正义、尚和合、求大同等思想理念，充分阐释了儒家伦理对于建构人类共同伦理、建构世界文化新秩序、进而解决当今世界种种问题的重大意义和普遍价值。其间，尼山论坛还走出国门，举办了"巴黎尼山论坛"、"纽约尼山论坛"。

第五，开展对外文化交流。山东近年来整合文物、非物质文化遗产、演艺、图书等资源，开展对外文化交流。仅在2015年，山东便派出12批322人次，赴8个国家和地区的15个城市参加文化部"欢乐春节"系列活动，取得圆满成功。同时，山东文化部门还与山东友谊出版社合作，积极在海外建立"尼山书屋"，开展海外"尼山讲堂"。

第六，举办世界儒学大会。世界儒学大会是文化部和山东省人民政府共同主办的世界性儒学盛会，创办于2007年，旨在传承和弘扬优秀传统文化，搭建一个国际化的儒学研究与交流的高端平台，推动国际儒学研究与交流。世界儒学大会已成为世界范围内儒学研究领域中一大盛事，成为我国对外传播文明成果的重要平台。

第七，弘扬红色文化。山东抗日根据地是抗日战争时期中国共产党及其领导的军队坚持华北抗战的四大根据地之一。山东着力加强红色文化研究阐发与普及推广。在利用红色资源创作生产优秀文化产品的同时，建设红色文化专题展馆和革命历史文化教育基地，推动红色文化教育普及。

第八,发展齐鲁民俗文化产业。山东利用十分丰富的非物质文化遗产资源,从非遗保护的角度出发,积极开发非遗衍生品,壮大民俗文化产业,使文化事业和文化产业协调发展。山东省以非遗项目为依托的企业和经营业户达到39 170多个,年营业收入196.26亿元,利税30.11亿元,从业人员达130万余人。

第九,打造曲阜文化建设示范区。山东积极打造曲阜文化建设示范区,抓住建设孔子学院总部体验基地的重大机遇,对曲阜市的教育培训、研修旅游等进行整体规划,并加快实施孔孟文化遗产地世界银行贷款项目、鲁故城国家遗址公园、明故城保护、邹城因利河治理、泗河流域治理、孔庙孟庙修缮工程等一批重大文化遗产保护、生态建设重大项目建设。

第十,实施县及县以下历史文化展示工程。山东省统筹全省县史、镇史、村史、红色文化、传统特色文化等历史文化资源,实施县及县以下历史文化展示工程,充分利用公共文化设施,加强对齐鲁文化的研究阐发、传承传播、普及推广,完善县乡村三级历史文化展示体系,为城镇化进程中历史文化遗产保护利用提供重要平台。

197. 江苏省镇江市开展文化广场标准化建设的做法和经验是什么?

答: 文化广场是公共文化设施的有机组成部分,是城乡居民享受公共文化产品和服务,开展文化活动的重要公共空间与活动场所。针对人民群众对文化广场和广场文化的需求，按照构建"城市十五分钟文化圈"和"农村十里文化圈"的目标，镇江市开展了文化广场标准化建设，构建多层次、广覆盖的文化广场网络体系。到 2014 年底，全市已建成 570 个各类文化广场，实现全市城乡文化广场全覆盖。

镇江市的具体做法是：

第一，统一规划，合理布局。按照城乡人口分布、公共文化设施现状和群众需要，对文化广场进行统一规划，合理布局。

第二，制定并由江苏省质监局颁布《文化广场创建与评价规范》，明确文化广场建设标准。镇江将文化广场分为三类，一类是中心文化广场，二类是基本型文化广场，三类是小型文化广场。中心文化广场是指覆盖市和辖市区、镇江新区中心区域，面积达 3000 平方米以上，具备开展大中型广场文化活动条件的场地及设施。基本型文化广场是指覆盖镇（街道）区域、面积达 1 000 平方米以上、具备开展中小型广场文化活动条件的场地及设施。小型文化广场是指位于村（社区）内、面积达 200 平方米以上、主要用于开展社区文化活动和群众自娱性户外文化活动的场地及设施。标准还明确文化广场建设必须做到"六个一"，即：有一个场地；一支专（兼职）管理队伍；一个电子显示屏；一套音响系统；一个阅报栏；一个资源安排表。实行"3＋X"模式，即：每个文化广场有一批固定的文化志愿者、一支固定的社区文体团队、一个固定的结对驻地单位和若干支流动文化服务团队。

第三，政府主导，统筹推进。为了推进文化广场建设，镇江市委、市政府下发了《关于加快推进文化广场建设的实施意见》，制定了《文化广场评选办法》，并实行以下主要措施。一是建立推进文化广场建设领导机制。建立文化广场建设领导小组，由市委、市政府分管领导任正副组长，市委宣传部、市文广新局、规划局、住建局、城管局、公安局、体育局、园林局等部门和市文联、文广集团、报业集团、各国有投资公司及各辖市区政府领导为成员，明确分工，形成合力。领导小组组织商讨和解决文化广场建设推进中的重点难点问题，下达年度工作目标，加强工作督导和落实。市委宣传部负责文化广场建设的统筹协调和工作指导；市文广新局具体承担领导小组日常工作事务，组织文化广场的认定、调整和新建等工作，负责广场文化活动的策划、组织、实施和行业指导等工作；市规划局负责文化广场规划管理，加强对全市广场类公共建筑空间满足开展广场文化活动需要的规划指导；市住建局负责新建文化广场的质量管理和检查验收等工作；市城管局负责做好文化广场市容环境的监督检查和广场文化活动开展中的行政执法保障工作；市公安局负责广场文化活动的交通秩序管理和安全监管工作，依法督促承办方严格落实安全管理责任；各文化广场建设管理单位负责为广场文化活动开展提供场地、接电和相关设施设备保障等工作；市文联负责组织所属协会积极投入文化广场建设并根据相关特色文化广场的建设需要，选派文艺骨干参与活动实施；市文广集团、报业集团、各网络媒体等负责组织相关力量积极投入广场文化活动,并做好文化广场活动的宣传报道和信息发布等工作。二是建立文化广场规划引导和检查认定制度。在城乡规划可供公众聚集使用的空间与场地时,规划部门应考虑开展广场文化活动的需求与功能,明确相关设施设备预设要求等。有关规划设计方案应听取文化主管部门意见,重大问题应提交市文化广场建设领导小组讨论。对已建成的城市广场等空间与场地,在市文化广场建设领导小组的统筹下,由市文化主管部门牵头组织检查验收,存在问题的,由建设管理主体完善;符合条件的,认定为相应级别的文化广场,并向社会公示。三是建立文化广场活动经费保障机制。在公共文化服务体系建设专项经费中安排文化广场活动经费,用于文化广场活动各项支出;按照属地管理原则,落实市、辖市区、镇(街道)投入责任。组织对文化广场建设、广场文化活动的检查评比,实施以奖代补。引入市场机制,引导社会力量多元投入广场文化活动,形成政府主导、社会参与的多元投入格局。四是建立广场文化活动组织管理工作制度。全市各级各类广场文化活动,由文化主管部门负责统一管理和业务指导,调动辖市区、镇(街道)、村(社区)和机关部门、属地单位、商业机构、文艺团体的积极性,推动多元化、多层次主体分别组织举办形式多样、丰富多彩的文化广场活动。

第四,特色发展,形成品牌。建立完善文化广场建设机制、管理机制、服务机制、考核机制。鼓励各个层级的广场特色发展,打造广场文化服务和活动示范品牌。目前,全市已建成双拥文化广场、法治文化广场、诗词文化广场、历史名人文化广场等多个特色文化广场，并成为品牌。

198. 南京市打造公益文化活动品牌的做法和经验是什么？

答：南京，江苏省省会，有着 6 000 多年文明史、近 2 600 年建城史和近 500 年的建都史，是中国四大古都之一和首批国家历史文化名城，有着"六朝古都"、"十代都会"的美誉。六朝遗韵、明都风物、民国风情与现代文化相贯通、相融合、相辉映，使这座古城散发着特有的浓厚的人文气息和人文魅力。

近年来，南京市认真贯彻落实党中央、国务院关于构建现代公共文化服务体系的战略部署，以公益文化活动作为"文化惠民"的重要载体和构建现代公共文化服务体系的重要抓手，打造了"文化惠民百千万行动计划"、"公益交响音乐会"、"公益合唱音乐会"、"520 音乐厅"等一系列惠及百姓的公益文化活动品牌，构筑了"不谢幕的剧场"、"不停演的广场"。这些公益文化活动品牌散发着绚丽的光彩，耀亮了城市，温暖了人们的心灵。

南京市打造公益文化活动品牌的做法和经验是：

第一，品牌根植于城市深厚的文化底蕴。南京市市、区两级，都有自己的公益文化活动品牌。甚至许多街道，也都形成了自己的公益文化活动品牌。这些公益文化活动品牌，都有着自己的文化土壤，都深深植根于这座城市深厚的文化底蕴。金陵合唱节是南京市最早打造的公益文化活动品牌。举办金陵合唱节是因为南京是个热爱音乐的城市。中国古琴有若干琴派，金陵琴派是其中重要的一种。在南京中山陵风景区有个音乐台。音乐台是中国传统建筑风格与西方古典建筑风格相结合的一个范例，也是南京这座城市喜爱音乐和歌唱的象征。雨花石是一种天然玛瑙石，有着美丽的色彩和花纹，是南京著名的特产。据传在1 400多年前的梁代，有位云光法师在南京南郊讲经说法，感动了上天，落花如雨，花雨落地为石，故称雨花石。讲经处遂更名雨花台。源于雨花石的斑斓多彩美丽，雨花台区从2006年起开始举办"多彩雨花·文化社区行"活动，至今，已持续举办了9年。"多彩雨花·文化社区行"活动内容如雨花石一般丰富多彩。栖霞山位于南京市栖霞区，被誉为"第一金陵明秀山"。南朝时山中建有"栖霞精舍"，因此得名，是中国四大赏枫胜地之一。深秋的栖霞山，满山红叶，好似一幅美丽的图画作品。国家级非物质文化遗产南京金箔锻造技艺也发源于栖霞。栖霞可谓是金色栖霞。正因为有着这样一种文化资源和文化底蕴，栖霞区从2000年开始，每年在秋风送爽、丹桂飘香、枫叶流丹、层林尽染时，均举办"金秋栖霞"艺术节，至今已成功举办了15届。

第二，品牌对接着市民的文化需求。南京市的公益文化活动品牌能够赢得民心、深入民心，其中一个重要的秘诀就是始终和市民的文化需求相对接，不断满足着人民群众日益增长和变化着的文化需求。金图讲坛是南京地区最早面向大众创办的公益性文化讲坛，十几年来，已举办了700多场。其内容根据市民的需要和反馈意见不断调整，不断充实，不断丰富，王蒙、资中筠、龙永图等一大批著名学者先后做客过金图讲坛，惠及听众十几万人次，发挥了传播知识、开阔视野、释疑解惑、启迪心智、陶冶情操、指导阅读的积极作用。2010年，金图讲坛获得文化部"群星奖"。金陵群文大课堂开办于2011年，每年举办10场。从开办之初，南京市就坚持供给和需求有效对接，采取大课堂与小课堂相结合、高层讲座与普及讲座相结合、综合性讲座与专题性讲座相结合、讲学与培训相结合的模式，向广大市民传播文化艺术知识和技能，提升广大市民的文艺鉴赏能力和文艺表演能力，很快就在市民心中立住了足。秦淮区是南京市历史文化最悠久、文化遗存最丰富、文化资源最密集的老城区。近年来，秦淮区紧紧围绕建设南京历史文化名城标志区，打造具有国际影响力的文化休闲旅游中心，建设现代化国际性人文绿都核心区的发展定位，紧紧围绕构建"十分钟公共文化服务圈"，推动基本公共文化服务均等化，对接群众的文化需求，精心打造了特色文化服务品牌——"文化惠民直通车"。"文化惠民直通车"本着以人为本、公益公平、突出特色、公共参与的原则，实行一季一主题、一月一站点、节庆开专列、场馆常活动的运行方法。一季一主题即分别以"和谐大戏园"进社区、"秦淮之夏"乐翻天、"都市文化节"走进百姓、"秦淮灯会"乐游夫子庙作为每季度的活动主题，唱响"秦淮公共文化四季歌"。一月一站点即根据全区12个街道的个性特点，将一年中的12个月，作为"文化惠民直通车"的12个停靠站点，赋予其各具特色的专场文化活动。节庆开专列是指"文化惠民直通车"逢到重要节日和重大庆祝活动，开通具有针对性、蕴含深厚节庆文化内容和现实文化特点的文化专列，开展专场活动。场馆常活动就是充分利用区域广场、剧场、操场、礼堂和图书馆、文化馆、报告厅等各级各类文化资源，强化和完善"文化惠民直通车"惠民功能，建设惠民小剧场、社区文化展示点，做到天天有活动，月月有演出。在运作方式上，采取政府主导与市场运作相结合；在参与队伍上，采取专业院团与特色团队相结合；在服务场所上，采取定点表演与基层巡演相结合；在内容供给上，做到传统文化与现代艺术相结合；在实现目标上，做到均等性与便利性相结合。"文化惠民直通车"每年开展文化惠民活动近3 500场次，惠及了区域内的广大市民。

第三，品牌引领着城市的文化风尚。南京市的公益文化活动品牌，不仅体现着以人民为中心的原则，满足着市民的文化需求，同时，还体现着正确导向，积极传播和弘扬社会主义核心价值观，培育、引导和促进市民的文化消费，促进在全社会形成积极向上的精神追求和健康文明的生活方式。"文化惠民百千万行动计划"是第二批国家公共文化服务体系示范项目，也是南京市倾心打造的具有统领性的公益文化活动品牌。所谓"文化惠民百千万行动计划"，就是以市级"百场公益演出广场行"活动为龙头，带动各区文化活动达千场，实现全市各类群众文化活动过万场，让广大群众普遍、均等地享受到优质公共文化服务，使文化惠民活动达到一个新的高度。市"文化惠民百场公益演出广场行"活动于2007年开始启动，以"文化惠民"为宗旨，以广场文化为载体，采用"菜单式"服务，组织专业和业余文艺团体走进广场、走进社区，每年为老百姓提供100场免费的文艺演出。"文化惠民百场公益演出广场行"文艺演出每年一个主题，2010年以"感受欢歌"为主题，2011年以"享受阳光"为主题，2012年以"放飞愉悦"为主题，2013年以"点燃梦想"为主题，2014年以"点亮希望"为主题，2015年以"点赞家园"为主题，所有的演出节目都以传播和弘扬社会主义核心价值观为内核，在满足人民群众文化基本需求的同时，努力提高人们的文化艺术素质和精神境界，激发人民群众建设"经济强、百姓富、环境美、社会文明程度高"的新南京的热情，使广大市民更文明、更礼貌、更有道德、更健康、更幸福，使人们的精神风貌更加昂扬向上。公益交响音乐会是南京市着力打造的公益高雅艺术活动品牌，2009年开始举办，由政府资助，每月在南京文化艺术中心举办一场公益交响音乐会，全年由南京爱乐乐团免费为群众提供12场演出，市民只需凭本人身份证就可以领取到音乐会入场券免费欣赏高雅艺术。公益交响音乐会采取边演奏边讲解的演出形式，向群众推广和普及交响乐知识，帮助观众理解音乐作品，以此来提升市民的欣赏品位和欣赏水平。公益交响音乐会不仅满足了群众欣赏高雅艺术的需求，同时，也扶持和促进了南京本土乐团的发展。"520音乐厅"是南京市着力打造的又一特色公益文化活动品牌。"520音乐厅"坚持公益性、艺术性、成长性原则，以"0场租"为模式，打造以室内音乐厅为主体、室外音乐空间为补充的音乐欣赏、体验、互动平台，让南京市民有欣赏高雅音乐的好去处,让音乐爱好者有互动交流的新空间,有实现音乐梦想的大舞台。全年52周,周周为广大市民提供低票价、高水准的文化演出。"520音乐厅"开办以来,已举办了一系列精彩演出,有效地推广了音乐艺术,激活了南京音乐市场,培育了市民的音乐欣赏和消费习惯,促进了市民素质和城市文化品位的提升。

199. 建设基层综合性文化服务中心的总体思路和方法是什么?

答:建设基层综合性文化服务中心的总体思路是:按照构建现代公共文化服务体系的总体部署,适应社会主义新农村建设和新型城镇化建设的要求,以满足基层群众多样化的基本公共服务需求为重点,发挥各级党委、政府的主导作用,加强部门协同,统筹推进村和社区综合性公共服务基础设施建设,整合基层各类公共服务资源,形成统一建设、统一管理、统一服务、标准化的基层综合性公共服务平台,发挥综合管理职能和基本公共服务功能,为基层群众提供便捷的基本公共服务,推进城乡基层公共服务均等化。

建设基层综合性文化服务中心的方法是:①制定建设规划和标准。构建党委、政府统一领导,宣传部门协调指导,文化行政部门牵头实施,相关部门大力支持、紧密联动的工作机制。坚持以群众文化需求为导向,制定基层综合性文化服务中心的设施建设标准、管理运行标准和服务供给标准等，切实提高服务水平和效能。②完善设施设备。多管齐下，因地制宜，坚持改扩建和新建相辅相成的原则，形成多种设施建设模式。对已建文化设施重点进行整合提升，以村（社区）文化室等为主体，或依托农村中小学闲置设施等，扩展服务功能，提升服务效能；以专项规划和建设标准为依据，建设布局合理、功能完备的基层综合公共服务平台。统筹各部门资源，加强综合服务中心的设备配备。③健全公共服务项目。加强基层综合性文化服务中心服务能力建设，将文化服务功能与党员教育、科学普及、农技推广、卫生计生、便民服务、体育健身等公共服务职能结合起来，使中心成为村级和社区公共服务的重要阵地。明确公共文化服务的项目、数量和质量，确保服务供给与群众需求有效对接。综合运用阵地服务、流动服务、数字化服务等多种形式，提升公共文化服务品质和服务效能。④完善管理机制。制定比较完善的管理措施和各项规章制度，加强对设施的使用、维护、管理，切实落实管理措施，保证公共服务中心的有效运行。加强基层文化队伍建设，提高队伍整体素质。发挥文化志愿者作用，支持文化志愿者、业余文艺团队和乡土文化能人参与综合性文化服务中心的管理与服务。建立基层综合性文化服务中心绩效评估制度。⑤建立稳定的财政保障机制。设立村级（社区）综合性文化服务中心运行保障专项经费，推动形成稳定的财政保障机制。发挥文化行政部门的牵头作用，整合扶贫开发、乡村建设、文化体育、科技教育等有关资金，集中投入基层综合性文化服务中心建设，用于各项服务业务的开展,确保各部门提供的公共资源下沉到基层,发挥综合效果。积极吸引社会力量投入参与基层综合性文化服务中心建设。

200. 如何破解基层难题,保证公共文化政策在村和社区"落地、生根、开花"?

答:一要抓好基层党组织建设,使公共文化政策在基层有承接主体。现代公共文化服务体系建设的重点、难点在基层,在村和社区。如果基层党建工作没夯实,党组织涣散,再好的政策在基层也难以落实。因此,组织部门一定夯实好基层党建工作基础,抓牢基层党建。抓好村级党组织建设,关键要抓好三类人,一抓"基层党组织带头人",即党支书或"两委"班子,将强兵强,选好村支书是抓基层党建的关键;二抓大学生村官,充分发挥其没关系纠缠、年轻、知识水平高的长处强化基层党建和提升基层党组织整体素质;三抓选派到村的"第一书记",把"强兵强将"充实在基层党建一线。同时,抓好社区党组织建设。要努力建设一大批达到"六有"目标的基层服务型党组织。通过抓好基层党组织建设,使公共文化政策在基层有力的承接主体,确保公共文化政策"落地"。

二要健全基层群众自治性组织制度,增强基层群众民主、法治、维权意识。建立村(居)民议事会制度,让村(居)民参与村(社区)综合公共文化服务中心建设等公共文化事务和公共文化管理,提高村(居)民的参与意识和民主、法治、维权意识，形成真正基于村（居）民基本公共文化权益的公共意志，使公共文化政策在基层"生根"。

三要加强民主监督和社会媒体监督，让人民群众真正有文化获得感。加强人大、政协和社会媒体对基层公共文化服务的监督，加强村民、社区居民的民主监督，切实建好、管好、用好基层公共文化设施，以"订单式"、"菜单式"服务的方式实现基层群众的文化选择权，让人民群众真正享受到自己所需要所喜欢的文化产品与服务，有切切实实的文化获得感，使公共文化政策在基层"开花"。

后 记

　　自2005年10月,党的十六届五中全会提出"加大政府对文化事业的投入,逐步形成覆盖全社会的比较完备的公共文化服务体系"以来,我一直以极大的热情关注和研究着公共文化服务体系建设。这几年中,我先后到全国各省、市、区考察、调研公共文化服务体系建设情况,撰写了大量的调研报告,并直接参与了国家公共文化政策的制定、国家公共文化服务体系制度设计研究以及国家层面的公共文化服务体系建设的许多重大工作。我参与了《文化部关于加强村级文化建设的指导意见》、《文化部、财政部关于推进全国美术馆、公共图书馆、文化馆(站)免费开放意见》、文化部《"春雨工程"——全国文化志愿者边疆行工作实施方案》等多个文件的起草工作;参与了文化部在云南召开的全国村级文化建设座谈会、全国基层文化队伍培训工作会议,中宣部、文化部在河北霸州召开的全国县级公共文化服务体系建设现场经验交流会,文化部在北京召开的国家公共文化服务体系建设示范区（项目）创建工作会议，文化部、财政部召开的全国美术馆、公共图书馆、文化馆（站）免费开放工作电视电话会议，中宣部、文化部在山东烟台召开的全国地市级公共文化服务体系建设现场经验交流会，文化部在浙江省东阳市召开的全国农民工文化建设经验交流会等许多重要会议的筹备工作，起草会议有关材料；参与了国家公共文化服务体系制度设计研究的有关工作；参与了首批创建国家公共文化服务体系示范区（项目）的评审、督导、实地验收等工作；参与了全国基层文化队伍培训教材的编撰工作；参与了无锡新区"公共图书馆数字化建设与创新管理"项目成功申报文化部第四届创新奖工作；参加了文化部公共文化司2013—2014年公共文化服务体系制度设计课题申报评审工作；参加了文化部文化信息资源共享工程国家中心2013年度资源建设立项评审工作；参与了文化部成立中国文化馆协会论证工作及相关文件的修改工作；参与了定订文化部乡镇文化站评估定级方案和评估定级标准；参与了文化部全国公共文化巡讲工作；参与了讨论修改文化馆标准化委员会起草的《文化馆服务标准》；参加了文化部全国公共文化发展中心开办中国文化网络电视讨论会；参加了文化部数字文化馆项目论证会；参加了文化部公共文化司高雅艺术基层行策划工作；修改了文化部《全国文化志愿服务行动计划项目文本提纲》；参加了文化部讨论加强公共文化资源统筹管理会议；参加了文化部讨论政府购买公共文化服务会议；参加了文化部第二批国家公共文化服务体系示范区（项目）创建培训会议并作指导；参加了文化部科技司 2014 年度文化科技提升计划项目选题论证会；参加了文化部科技司组织的"上海社区文化活动中心中央信息管理系统项目"验收会；参加了讨论《文化部加强贫困地区公共文化服务体系建设方案》；参加了文化部组织的讨论《国家公共文化服务体系示范区建设工作方案》和《基本公共文化服务标准化建设试点工作方案》会议；参与修改文化部《创建国家公共文化服务体系示范区（项目）过程管理几项规定》；参与起草《文化部关于加强流动文化服务工作的意见》；参与修改《文化馆管理办法》；参加江苏省文化厅组织的第二批江苏省公共文化服务体系示范区评审和验收工作；起草《江苏省全民阅读促进条例（草案）》；起草《江苏省公共文化服务促进条例（草案）》；参与了国家公共文化服务体系建设专家委员会的各项工作；先后应邀为全国市长研讨班、秦皇岛市委中心学习组、海口市委中心学习组、马鞍山市委中心学习组、吴忠市委中心学习组以及全国各地的文化干部培训班讲课。这些都加深了我对公共文化服务体系的思考。

　　公共文化服务体系建设是文化建设的重要组成部分，也是我国经济社会发展的一项重要任务。它关系着社会的和谐与稳定，关系着文化民生和增进广大人民群众的福祉，关系着全面建设小康社会目标的实现，关系着中华民族的长远发展和伟大复兴。在新的形势下，构建现代公共文化服务体系，是保障和改善民生的重要举措，是全面深化文化体制改革、促进文化事业繁荣发展的必然要求，是弘扬社会主义核心价值观、建设社会主义文化强国的重大任务。为贯彻党的十八届三中全会审议通过的《中共中央关于全面深化改革若干重大问题的决定》的有关要求，为了深入解读中共中央办公厅、国务院办公厅印发的《关于加快构建现代公共文化服务体系的意见》，普及现代公共文化服务体系知识，提高全社会对现代公共文化服务体系的认识，加快构建现代公共文化服务体系，我在本人2011年出版的《公共文化服务体系120问》和2013年出版的《公共文化服务体系200问》的基础上，又编撰了《现代公共文化服务体系200问》。该书的编写，主要来自于个人的思考和研究，同时，也参阅了有关资料，吸纳了有关学者的研究成果。在此，特作说明。

本书的出版，得到了南京师范大学出版社总编辑徐蕾和编辑部主任丁亚芳博士的大力支持和帮助，在此，谨表示衷心的感谢。

本书内容还不够完备，其中，也可能有不当之处，敬请读者多提宝贵意见，以便再版时修正。

戴 珩
二〇一五年六月二十二日